凤凰卫视
凤凰书品

开卷 II

如何阅读一本书

凤凰书品 编

梁文道
吴小莉 主讲

世界图书出版公司

西安·北京·广州·上海

目　录

分歧者

达尔文的秘密花园

礼物、关系学与国家

消费社会

英语帝国

死亡的尊严与生命的尊严

我有时候在想，这本小说虽然是给十几岁的青少年看的，但它并没有为大家描

绘出一个似乎圆满的结局，而是不断地提出各种各样的可能，而且让所有角色一次

又一次地陷入谁也不愿意看到的困境，年轻人读了这样的书之后会有什么感想呢？

当然，这只是一本书，它只是提出了一个假设，这并不是我们真正要面对的生活。

但是，反过来看，很多时候书中人物所面对的一些问题，似乎又跟我们的真实生活

非常接近。可能是因为它给人带来了一些挣扎或者是思考吧，

分歧者

所以这样的小说和电影非常受青少年欢迎。因为它似乎在讲

这样一句蛮有正能量的话：只有使尽全力奔跑，你才能在这个残酷、疯狂的世界活

下去。然而，这样一个讯息传达出来以后，是会让你对这个世界更加失望和悲观，

还是让你看到人类未来的另一种可能呢？

不同的人在阅读同一本书时会产生不同的看法，这也是阅读时非常有意思的地

方。我们读的是一些虚假的或者是别人的故事，但是从这些假设的可能或者虚构的

● "少年法西斯"的自画像

——《麦田里的守望者》

    虽然这本小说完全是以 20 世纪 50 年代的美国为背景，可是作者写出来的东西让全世界很多人看了都很有感触，大家都好像在小说里看到了青少年时期的自己，或者是一个自己觉得应该是如此的青少年时期。

"2010 台北国际书展"期间非常热闹，不少华人作家齐聚台北，介绍自己的作品，聊天。可是，在那短短一个星期里，我觉得最红的作家并不是这帮人，而是一个死去的美国作家。当这个作家的死讯一传出，据说十天之内，他的作品在台湾就卖出了 3 万本以上，都断货了，出版商不得不紧急加印和再出新版。

这位作家就是 91 岁高龄去世的《麦田里的守望者》的作者 J. D. 塞林格。当他的死讯传出时，我感到有点惊讶。因为之前我一直有个印象，好像他死了很久一样。世界上总有这么一种人，他明明还活着，但你总觉得他已经死了。对此有几种原因：其中一种是因为这个人已经跟我们的现实生活不再相关了。当然，塞林格不属于这类，因为《麦田里的守望者》这本小说到现在为止，每年仍然能卖出 25 万本。还有一种原因是这个人已经消失了很久，塞林格就属于这种情况。

塞林格让人觉得神秘又让我非常羡慕的一点是，他是个完全的隐士型作家。自从他的小说红了后，他就隐居起来，躲在一个小镇里。小镇附近有一所很有名的大学叫达特茅斯学院①，据说以前学生们每年都会组织到这个小镇来旅游，到处搜寻，希望能找到这位作家，但是好像每次都是徒劳无功。

关于塞林格的传闻一向非常多，他有个女儿后来写了

① 达特茅斯学院（Dartmouth College）成立于 1769 年，是美国历史最悠久的世界顶尖学府之一，也是闻名遐迩的常春藤联盟学校之一。该校坐落于新罕布什尔州的汉诺佛小镇，而塞林格自 1953 年起就在该州沙利文县康沃尔镇的乡间隐居。

一本回忆录①，把他描述成一个超级变态狂：既喝尿，又搞一些神秘的宗教仪式，还喜欢控制妻子和侄女。但是，后来她的弟弟站出来说，她这是在侮辱他们的老爸，事实并不是这样的。

自从写出《麦田里的守望者》这部长篇小说后，塞林格后来写的几乎都是短篇小说，结集出版后并没有引起特别大的轰动。不过，大家都知道他晚年专注于一个比较庞大的写作计划。但是，他写的到底是什么呢？那些作品在哪里呢？我们有没有机会看到呢？这现在变成了一个谜，不知道什么时候才会被出版界彻底揭示开来。

《麦田里的守望者》在20世纪80年代传入中国内地后引起了一阵轰动，有很多读者喜欢它，就像别的国家一样。虽然这本小说完全是以20世纪50年代的美国为背景，可是作者写出来的东西却让全世界很多人看了都很有感触，大家都好像在小说里看到一个青少年时期的自己，或者是一个自己觉得应该是如此的青少年时期。

这本小说有几个特点，首先是里面充斥着各种粗话，

---

① 塞林格与第二任妻子所生的女儿玛格丽特·塞林格（Margaret A. Salinger, 1956— ），于2000年出版了一本回忆录叫 Dream Catcher: A Memoir（《梦的守望者：一本回忆录》），披露了父亲鲜为人知的私密生活。

当年的美国人还算保守，很多人都觉得受不了。而且，小说里还有一些对青少年吸烟、酗酒、性爱的描写，更让很多保守人士无法接受。直到 20 世纪 80 年代，这本小说在美国是被最多学校禁止学生阅读的一本书。可是很吊诡的是，这本书同时又是有最多学校鼓励学生阅读的课外读物，连美国前总统小布什那么保守的人都说这本书对他影响甚大。

虽然这本小说的内容被认为粗俗不堪，但是为什么又被很多学校指定为课外读物？世界上有一类小说叫作"教育成长小说"，这个说法源自德国，最典型的代表作是《少年维特之烦恼》。这类小说通常描述的是一个年轻人怎样慢慢地成长，然后让我们看到他的某种转变。那么，《麦田里的守望者》是不是这样一部小说呢？这是很有争议的。有人认为它是，有人认为它不是，因为主人公霍尔顿从头到尾的态度都很一致，他一直瞧这个世界上所有的人都不顺眼，无论他到什么地方都觉得别人非常虚伪。为什么这样的小说会有很多学校推荐给学生阅读呢？有人认为是因为到了结尾的时候，霍尔顿的态度稍微有所改变。但真的是这样吗？后来很多人说，这本小说之所以会让年轻人感动，是因为它道出了很多年轻人的那种心态：觉得只有自己这颗天真的心是真诚的，并对此充满自信。

我简单讲一下这本小说的故事情节。一开始描述的是主人公霍尔顿在美国宾夕法尼亚州靠近纽约的一个小镇上念书，那是一所贵族型的私立学校，但是他被开除了，而且这不是他第一次被开除。他不愿意去上课，不想好好读书，成绩总是不好，只有英语作文比较好，还懂得欣赏文学。他们一家好像都挺有文学天分，比如他的哥哥就写过不错的小说，还去了好莱坞写剧本。他有一个深爱的弟弟叫艾里，会在垒球手套上写诗句，不过已经死了。他还有一个妹妹，也是一个很有天赋、很聪明也很可爱的小女孩。除此之外，他好像看什么人都不顺眼，在学校里把老师贬损得一无是处。

小说的故事发生在三天之内，第一天就是霍尔顿被开除那天，他在学校宿舍里跟室友们打架，胡闹之后就收拾东西离开了学校，头也不回地到了纽约市。他家就住在纽约，但他没有回家，而是住进了一个小旅馆里。他家里挺有钱，所以他也有钱花。他晚上出去喝酒、泡妞。他从来没有性经验，那天又想开开荤。到小说结尾的时候，我们知道他后来在一个精神病院住了一阵子，然后准备去另一所学校上学。

我们来看看霍尔顿是如何对这个世界不满的。比如纽约一家很有名的夜总会里有一个老黑人钢琴师，他也是这里的老板，名叫欧尼。欧尼的钢琴弹得很好，但霍尔顿说他"老是从凳子上转过身来，鞠一个十分虚假、谦卑的躬。像煞他不仅是个杰出的钢琴家，而且还是个谦虚得要命的仁人君子，完全是假模假式——我是说他原来是那么个大势利鬼。可是说来可笑，当他演奏完毕时，我倒真有点儿替他难受。我甚至都认为他已不再清楚他自己弹得好不好了，这也不能完全怪他。我倒有点儿怪所有那些不要命地鼓掌的傻瓜——只要给他们一个机会，他们会把任何人宠坏"。

我们再来看看霍尔顿是如何看所有人都非常不顺眼。比如他想泡一个女孩，约她出去看戏时，他说"演完第一幕，我们就跟其他那些傻瓜蛋一起出去抽烟。这真是个盛举。你这一辈子从未见过这么多的伪君子聚在一起，每个人都拼命抽烟，大声谈论着戏，让别人都能听见他们的声音，知道他们有多么了不起"。他还提到他所在的学校里全是伪君子，"要你干的就是读书，求学问，出人头地，以便将来可以买辆混账凯迪拉克；遇到橄榄球队比赛输了的时候，你还得装出挺在乎的样子，你一天到晚干的，就是谈女人、酒和性；再说人人都在搞下流的小集团，打篮球的抱成一团，天主教徒抱成一团，那帮混账的书呆子抱成一团，打桥牌的抱成一团，连那些参加他妈的什么混账读书会的家伙也抱成一团"。

当他在车站看到一群女人后，又会怎么想呢？他说，"这些姑娘在离开中学或大学以后，你可以料到她们绝大多数都会嫁给无聊的男人。这类男人有的老是谈着他们的混账汽车一加仑的汽油可以行驶多少英里。有的要是在高尔夫球或者乒乓球之类的无聊球赛中输了，就会难过得要命，变得非常孩子气。有的非常卑鄙，有的从来不看书，有的很讨人厌。"

这还没骂完呢，他后面还接着骂。他认为成人世界里的人，包括牧师都很恶心。他总不明白那些牧师布道的时候，为什么总装出一种神圣的嗓音。他说："天哪，我真讨厌这个。我真他妈的看不出他们为什么不能用原来的嗓音讲道。他们一讲起道来，听上去总是那么假。"

霍尔顿总是觉得别人很虚伪，但是，到底什么叫作"真"呢？这个世界上有没有"真"存在呢？有。比如他喜欢跟妹妹菲芘在一起，看她写的一些东西就很高兴，觉得这是很让人愉快的一件事。他晚上偷偷溜回家吵醒妹妹，跟她聊天时说，这个世界上一切都不是真的，他只喜欢真的东西，例如现在他跟妹妹聊天这一刻。妹妹说这不是什么真正的东西，但他说："这是真正的东西！当然是的！他妈的为什么不是？人们就是不把真正的东西当东西看待。我对这都腻烦透啦。"

妹妹叫他别说脏话了，然后问他将来是想当科学家还是律师什么的，但他表示对这些成人世界认可的职业都不满。他问妹妹有没有听过一首由诗改编成的歌，叫作《你要是在麦田里捉到了我》，然后他就说了一段很经典的话，也是这本小说的重点。他说："我老是在想象，有那么一群小孩子在一大块麦田里做游戏。几千几万个小孩子，附近没有一个人——没有一个大人，我是说——除了我。我呢，就站在那混账的悬崖边。我的职责是在那儿守望，要是有哪个孩子往悬崖边奔来，我就把他捉住——我是说孩子们都在狂奔，他们也不知道自己往哪儿跑，我得从什么地方出来，把他们捉住。我整天就干这样的事，我只想当个麦田里的守望者。我知道这有点异想天开，可我真正喜欢干的就是这个。我知道这不像话。"

这段话是什么意思呢？我想霍尔顿想说的是，他希望自己是一个能够看着小孩、守护他们的天真、不让他们坠入危险之中的人。这个危险指的是什么呢？有人认为是虚伪的成人世界，有人认为是指孩子逐渐适应这个世界，直到自己也成为其中的一员。

这一点正是这本小说最动人的地方。小说所描写的那种看什么都不顺眼的心理，好像很多年轻人都经历过。比如我们经常看到一家老小跟着旅行团出去旅行时，总有那么一些刚刚开始长胡子、嘴上带点胡茬的小男孩，坐在旅游大巴的一隅。当一家人高高兴兴地跟随团队下去参观景点的时候，他却一脸不高兴，摆出一副很不爽的不晓得谁惹了他的样子，戴着耳机坐在车上听音乐，无论什么时候都臭着一张脸。这些小孩到底在想什么呢？他们到底有什么问题呢？

为什么我喜欢小孩却又不想生孩子呢？因为我经常想到，当一个孩子长到十几岁的时候，我一定会讨厌死他的。如果我自己遇到十几岁时的梁文道，也会想把他掐死。那个年纪的小孩就是有这个特征。那么，今天我到底是变得比那个年纪的小孩更虚伪，更世故，更惹人厌了？还是我已经成熟了，知道当年的那个自己幼稚不堪呢？这是我们永远都要面对的问题。年轻的读者在看这本书时，可能会觉得有点共鸣，可能会希望自己也像霍尔顿一样过那样的日子，那么浪荡，不惧一切，虽然有时候胆小不敢跟人打架，但仍然觉得那是一件很酷的事。年纪大的人看这本小说的时候，会觉得塞林格已经帮我们每个人写都好了自传，我们曾经都是那个样子。

可是，我觉得有个严重的问题必须指出来，那就是有学者曾经说过的"少年法西斯"心态。什么叫"少年法西斯"呢？就是年轻人总会在某个时刻忽然觉得这个世界上除了自己之外，一切都值得怀疑。他不怀疑自己，但是他怀疑世界，怀疑其他人。他相信自己的纯正，看不起别人的虚伪，把道德理想树立得非常高，非常严格，然后用这个标准要求所有人，所以他总是批评所有人。

现在网上很多的年轻人不都是这个样子吗？他好像并没有说出讨厌这些事情的理由，他只是在骂这个人虚伪，那个人混蛋，那个人在装……但是，他讨厌的到底是什么呢？其实不一定有实质内容，这种心态就可以叫作"少年法西斯"。我们每一个人都要经历这个阶段，这并不可怕，可怕的是若是带着这种"少年法西斯"的心态一直到老，那该怎么办？

（主讲　梁文道）

J. D. 塞林格（Jerome David Salinger，1919—2010），美国作家。出生于纽约一个犹太商人家庭，1936年毕业于瓦莱弗格军事学院。曾参加第二次世界大战，1946年退役后潜心写作。1951年出版首部长篇小说《麦田里的守望者》后一举成名，此后便隐居乡间，很少再公开发表作品。出版有短篇小说集《九故事》和中篇小说集《弗兰妮与祖伊》《抬高房梁，木匠们》《西摩小传》。

⊙ 父母与孩子之间的爱是不可剥夺的天赋人权

—— 《菲洛梅娜》

> 人性中有一种非常崇高的感情，那就是爱，就是父母与孩子之间的感情。这种感情可以说是天赋的人权，它不应该因为任何外在的理由或力量而被剥夺。

很多时候，人的真实经历比小说虚构出来的更曲折，更具有戏剧性。20世纪50年代的英国，有一些年轻女孩因为未婚先孕，生下来的孩子就被教会带走，卖给美国某地的人收养，她们后来再也没有见过自己的孩子。其中有一个女孩叫菲洛梅娜，大概在2000年的时候决定去寻找自己的儿子，想知道他现在过得怎么样。马丁·西克史密斯原来是一位记者，还做过英国政府的发言人，后来成了一名职业作家。菲洛梅娜在他的陪伴下展开了寻子行动，最后发现她的孩子已于 20 世纪 90 年代去世了。

马丁·西克史密斯花了五年的时间，进行了一系列调查，最后在《菲洛梅娜》这本书中为大家还原了一个非常感人的故事。这段往事可以说是 20 世纪 50 年代英国的一个丑闻，现在菲洛梅娜被媒体包括社会视为女英雄，是因为她愿意把这样一段痛苦的经历公之于众，让大家知道原来有过这样一段历史。可能有些人会觉得生活是非常顺利的，或者他们所处的社会是非常完美的，不可能会有这样的事情发生。但是，个体的悲惨经历会告诉你，这个社会有很多的不完美，而这些不完美往往都是人为造成的。

这本书已经被拍成电影，还获得了很多奖。不过，这部电影跟原著还是有很大的区别。电影围绕着菲洛梅娜如何寻子的过程展开，而原著基本上是在还原她英年早逝的儿子的成长过程。她的儿子叫麦克，他觉得摆脱痛苦的唯一办法，便是追根溯源：找到他的亲生母亲，搞清楚多年前到底发生了什么。一个知道自己是被亲生母亲抛弃的人，在成长过程中往往要承受更多的痛苦，而这种痛苦可能是很多生活在父母双全的健康家庭中的人无法想象的。回顾麦克的人生历程，我们可以看到被人遗弃的经历经常让他产生自卑感，更重要的是，他不知道怎样去爱，很多时候会把深爱着他的人或者他爱的人拒之门外，而这正是因为他人生中的这种不确定感。

我们从小说中可以看出，主人公麦克其实是个非常成功的人，他甚至进入了里根总统的内阁，在美国政府里担任着重要职位，最后因为患上艾滋病，年纪轻轻就去世了。这个故事里包含了很多反映社会变迁的东西，比如二战后贫穷的英国，比如怎样在美国寻找个人的发展方向，实现自己的美国梦。即便实现了这种表面上的成功，麦克依然没办法弥补心中的遗憾，一种来自内心深处的自卑感从未远离过他。他说："我不配在这个地方。我是个冒牌货，总有一天，我的秘密会被揭发。"这种源于出身的自卑感，不知道自己到底来自哪里的困惑，一直都在困扰着这个年轻人，直到他死去。

让菲洛梅娜觉得欣慰的是，她的儿子直到死之前都在寻找她。但是，教会的谎言使得她的儿子在生前没办法见到自己的亲生母亲，没办法知道她是爱着他的，她也一直很想找到他。她的儿子就这样带着遗憾去世了，至死都不知道为什么亲生母亲要抛弃他，不知道她到底有没有想念过他。

我之所以推荐这本书，是希望大家能从中感受到一种人性。可能很多人会这样想，这么小的一件事情值得去大书特书吗？但是，这本书打动了很多人，据此拍摄的电影也让很多人产生了共鸣。这是因为人性中有一种非常崇高的感情，那就是爱，就是父母与孩子之间的这种感情。这种感情可以说是天赋的人权，它不应该因为任何外在的理由或力量而被剥夺。

这本书里揭露了英国这样一段历史：出于道德的要求，教会对未婚先孕的年轻女孩说："你们犯了罪，所以你们不配拥有自己的孩子，你们在将来也不要再去找这些孩子，你们要放弃自己做母亲的这项权利。"这样一段往事现在来看，会让人觉得有点不可思议。但其实我们再仔细想想，在这个世界上还有很多国家和地区，同样的观念和故事依然在那里发生。当我们读完这个故事时会发现，父母与孩子之间的感情是没办法替代的。

（主讲　闾丘露薇）

马丁·西克史密斯（Martin Sixsmith，1954— ），生于英格兰，曾就读于牛津大学、哈佛大学等名校。1980年至1997年任BBC记者，后在布莱尔政府任职，现为作家、节目主持人。著有小说《旋转》（2004）、《我听见列宁的笑声》（2005）以及非虚构作品《俄罗斯：野性东方的千年纪实》（2011）等。

● 无情无欲的世界是乌托邦吗？

——《记忆传授人》

　　通过记忆的传承，他感受到了人类历史的残酷。当然，他在残酷中也看到正因为人有情感，世界上才有一些很美好的东西存在。

　　在根据小说《饥饿游戏 3：嘲笑鸟》改编的同名电影上映后，由青少年读物改编而成的电影越来越多。这类电影有一个共同的特点，就是反乌托邦。同时，这些电影又进一步带动了反乌托邦小说的销售。《记忆传授人》(*The Giver*) 就是这样的一本少儿读物，同名电影上映于 2014

年，大家非常熟悉的梅丽尔·斯特里普①在里面扮演长老的角色。

《记忆传授人》的作者名叫洛伊丝·劳里，是位非常著名的儿童文学作家。1977 年，她出版了第一本小说《死亡的夏天》（*A Summer to Die*），从此奠定了她受欢迎的儿童文学作家的地位。《记忆传授人》于 1993 年出版后就获得了很多奖项，至今仍是美国教师协会指定的一百本青少年读物之一。有一个调查显示，这是美国加州的六年级学生阅读得最多的一本书。

这本书非常有意思，讲述了这样一个世界：人类在经历过灾难之后发现，这些灾难是由人性当中一些负面的情感因素造成的，于是人们决定通过药物来控制人的情感，人类性格当中很多负面的东西，比如嫉妒、仇恨等，就这样被消除了。那么，这是一个什么样的世界呢？大家都穿着同样的衣服，住着同样的房子，配偶也是由长老们指定的。每个人到了 12 岁的时候，长老们就会根据他们的个性

---

① 梅丽尔·斯特里普（Meryl Streep，1949— ），美国好莱坞女演员。1977 年出演了第一部电影《朱莉娅》，1980 年凭借《克莱默夫妇》获得第 52 届奥斯卡金像奖最佳女配角奖，1983 年和 2012 年分别凭借《苏菲的选择》和《铁娘子》获得第 55 届和第 84 届奥斯卡金像奖最佳女主角奖，并于 2017 年获得第 74 届金球奖终身成就奖。

分配不同的职位，比如有的人个性比较稳重，可能就会被派去照顾儿童，而有的人个性比较反叛，可能就会被安排去保护领地。

在那样一个社会里，有一个人会因为天赋稍微跟别人不太一样而被指定去承担"记忆传承"这样一项工作。长老们认为，虽然现在他们生活的这个社区因为药物的控制已经没有情感上的需求，但是对于人类世界过去发生的很多事情，必须有一个人能够把这些记忆承载下来，以防万一将来有什么事情发生时，这个承载了人类历史记忆的人可以提供更多有智慧的建议。

在小说中，一个叫乔纳思的12岁年轻人被挑中，成为记忆传承人。当他从上一任记忆传承人那里接受记忆的时候，他忽然发现那个世界跟他从小生活到现在的这个世界不一样，他在那里感受到了颜色，感受到了音乐，感受到了爱，也感受到了悲伤和愤怒。另外，通过记忆的传承，他感受到了人类历史的残酷。当然，他在残酷中也看到正因为人有情感，世界上才有一些很美好的东西存在。

洛伊丝·劳里在书中提出了这样一个问题：如果人类有了这些情感，那么社区是会变得更好，还是更糟糕呢？过去人类各种各样的情感问题导致了很多冲突，这也就是为什么长老们会坚持说："人类有很多选择的机会，但是很可惜，每一次他们都选择错了。"但是，年仅12岁的乔纳思却认为，为什么不再给人类一次机会，让大家再来做一次选择呢？乔纳思觉得，那些负责管理这个社区的人从人民身上剥夺了这项权利。

小说中这样一个所谓非常和平的乌托邦，其实也有一些人付出了惨痛的代价。那些年老的人，反叛的人，或者身体不够健康的婴儿都被"解放"了。所谓"解放"，是这个社区的管理者告诉人们的一个非常美好的词，但它实际上就是安乐死。乔纳思在感受到人类的情感之后发现，他不能接受这种安乐死的方式。于是，他做了一个决定……

这本小说非常有意思的地方是它的结尾是开放式的。为什么要用一个开放式的结局呢？洛伊丝·劳里说："很多孩子给我写信，希望能够有一个明确的结局，但是我没有这样做。这是因为不同人心目中的记忆传授人是不同的，人们赋予这个角色复杂的情感，或者是信仰，或者是希望，或者是梦想，或者是恐惧，或者什么都有。所以我不想把我的情感加上，也不想把我的信仰加上，因为我不想破坏人们心中所建构的归宿。"

正因为如此，很多老师会鼓励学生对结局进行讨论：

现在人类拥有各种各样的情感，这样到底是好，还是不好呢？你是宁愿要一个通过药物把人类身上负面的东西都摒弃了的世界，还是愿意牺牲一部分个人利益来保障整个社会的秩序呢？所有这些讨论，也是鼓励孩子们思考的一种方式。

（主讲　闾丘露薇）

洛伊丝·劳里（Lois Lowry，1937—　），美国儿童文学作家。写作风格多样、题材广泛，至今已出版超过三十本青少年读物，其中包括反乌托邦小说"记忆传授人"四部曲（《记忆传授人》《历史刺绣人》《森林送信人》《儿子》）。1990 年和 1994 年分别以《数星星》和《记忆传授人》两度获得美国纽伯瑞儿童文学金奖。

◉ 在情景模拟中突围人类生存困境

——《移动迷官》

　　只有使尽全力奔跑，你才能在这个残酷、疯狂的世界活下去。

　　《移动迷官》(*The Maze Runner*) 是一本深受年轻人喜爱的读物。对于我来说，这样的书其实也非常吸引人。一打开这本小说，你就会发现一个失去了记忆的男孩子来到一个陌生的世界，接下来会有什么样的事情发生呢？然后，各种疑问会随着你的阅读不断出现，让你不断地问为什么。

　　我不想过于剧透，只能大概讲讲这本小说的情节。小说讲述了一群十五六岁的青少年被困在一个像荒岛一样的地方，所有吃的和其他补给都是从另外一个神秘的地方送来的。他们面前有一个巨大的迷宫，而他们当中有一批人叫"飞毛腿"，每天的任务就是到迷宫里探索有没有路可以出去。因为迷宫里有很多怪兽，所以很多承担了"飞毛腿"任务的孩子都死在了里面，一直找不到出路。他们每天早上吃完饭就去迷宫寻找出路，然后回来睡觉，第二天再进迷宫，这就是他们的日常生活。这时候男主角来了，他打破了这群人已经形成的一种自认为比较安全的生活方式。他打破了规则，本来他不是"飞毛腿"，是不能进入迷宫的，但他为了救自己刚刚认识的两个男孩，冲进了迷宫。这次突破让他忽然间发现原来还有很多新的可能，而这些是在之前其他孩子都没有发现的。

说到这里，大家会说这个故事是不是又在讲你只要愿意打破规则或者去冒险，而你又有勇气、有智慧的话，到最后就会有一个好结果呢？但这正是这本小说非常吸引人的地方，作者在最后留下了这样一个问题：逃出去以后，外面的世界会更好吗？对于这个问题，我读到小说结尾时非常有感触。

在小说中，当这些年轻人逃出去后，他们发现自己又陷入另一个实验之中。他们之前是作为试验品被送到一个模拟情景之中，做实验的人希望通过他们求生的本能来收集一些讯息，美其名曰是为了让人类未来能够应对更多的冲击或者说灾难。但是，对于这些个体来说，当他们逃出去以后又陷入另一个模拟情景之中，他们要为了求生而不断地挣扎，不断地去尝试，这种状态真的让人觉得非常绝望。

我在想为什么"移动迷宫"系列小说会那么受欢迎，据此改编的电影也已经和观众见面了。不同的人在看"移动迷宫"系列的小说和电影时，会有不同的感触。"移动迷宫"系列小说和其他一些反乌托邦小说不一样的地方是，它不是以革命作为主人公的主要目标，挣脱约束才是他们的最终目标。

我有时候在想，这本小说虽然是给十几岁的青少年看的，但它并没有为大家描绘出一个似乎圆满的结局，而是不断地提出各种各样的可能，而且让所有角色一次又一次地陷入谁也不愿意看到的困境，年轻人读了这样的书之后会有什么感想呢？当然，这只是一本书，它只是提出了一个假设，这并不是我们真正要面对的生活。但是，反过来看，很多时候书中人物所面对的一些问题，似乎又跟我们的真实生活非常接近。可能是因为它给人带来了一些挣扎或者是思考吧，所以这样的小说和电影非常受青少年欢迎。因为它似乎在讲这样一句蛮有正能量的话：只有使尽全力奔跑，你才能在这个残酷、疯狂的世界活下去。然而，这样一个讯息传达出来以后，是会让你对这个世界更加失望和悲观，还是让你看到人类未来的另一种可能呢？

　　不同的人在阅读同一本书时会产生不同的看法，这也是阅读时非常有意思的地方。我们读的是一些虚假的或者是别人的故事，但是从这些假设的可能或者虚构的结局里，我们会反省自己的真实生活，然后问自己这样一个问题：如果是我遇到这样一种情形，我会怎样做呢？

（主讲　闾丘露薇）

詹姆斯·达什纳（James Dashner，1972—　），美国小说家，美国杨百翰大学会计学硕士，曾从事金融工作，后成为专职作家。作品多为青少年读者喜爱的探险、生存和科幻题材。目前已出版"移动迷宫"系列，另著有《心灵之眼》等十几部小说。

◉ 遇见真实的自己

——《分歧者》

当你要进入社会的时候，你是打算隐藏真实的自己呢，还是愿意展示真实的自己？即使这样可能会带来一些风险。

有些书是成年人写给青少年看的，而《分歧者》是一本年轻人写给年轻人看的书。它的作者维罗尼卡·罗斯，生于 1988 年，是一位"80 后"。她在写这本小说的时候，还在美国西北大学读书，所以把故事的发生地点放在了芝加哥。

这本小说非常有趣，讲述了人类在经历了自己造成的各种灾难之后，想要建立一个非常有秩序的社会。这个社会里的人认为，战争四起并非源自不同的意识形态、宗教信仰或种族，而是源于人类个性的差异，源于人类内心的罪恶。根据人的不同个性，这个社会把人分成五个派别：无私派、友好派、无畏派、诚实派和博学派。顾名思义，无私派是一群愿意为社会不停地奉献的人；博学派是喜欢钻研各种各样的知识，而后拥有渊博知识的人；无畏派有勇气，既会为了自己去冒险，很多时候也会承担维护社区治安的职责。

那么，什么是分歧者呢？有一些人，包括这本小说的女主人公在内，是身上同时有这五种个性的人，他们被这个社会视为最危险的存在。因为这类人的个性比较复杂，所以他们不会去遵守这个社会为五个派别所制定的规则。也因为如此，这类人会被驱逐，成为城市里的流浪者。所以很多人为了让自己有一个安定的生活，或者有一个更美好的未来，甚至是为了安全，就勉强选择一个和自己的个性稍微相似但又不完全代表真实的自己的派别。

这本小说讲的是博学派想要夺得权力，控制这个社会，但在分歧者的抗争下，他们的企图最终没有实现。博学派是一群有着丰富知识的人，他们非常理性。但是，知识凌驾于一切的结果就是对权力迫切地希望，这会让他们误入黑暗、空虚的歧途。跟这样的人进行抗争是非常残酷的，比如女主人公就失去了她的母亲，还有其他她所爱的人。女主人公有句内心独白："命运真是残酷，当我爱的人在我身后死去，我却必须和我恨的人一起前行。"

这本书是作者写给同龄人看的，里面的女主人公也就十五六岁。作者透过主人公的自白，探讨着这样一个问题：当你要进入社会的时候，你是打算隐藏真实的自己呢，还是愿意展示真实的自己？即使这样可能会有一些风险。也就是说，你是要随波逐流呢，还是要忠于自己？你是要屈从于现实，一直掩盖下去呢，还是要展现于人前，让自己身处险境？

这本书是"分歧者"三部曲中的第一部，女主角刚刚觉醒，后面的故事更加曲折。我们知道这本书出版后，位于《纽约时报》的畅销书排行榜上超过一百个星期。这本书之所以受到读者尤其是年轻读者的欢迎，是因为它展示了很多年轻人的困惑，或者说他们的很多想法。通过年轻人在读一些什么样的书，或者说他们有一些什么心声，我们可以更进一步地了解他们。

（主讲　闾丘露薇）

 维罗尼卡·罗斯（Veronica Roth，1988— ），美国小说家。在美国西北大学学习创意写作期间创作了《分歧者》，一炮而红后又推出续篇《反叛者》和《忠诚者》，这三本著作均登上美国各大畅销书排行榜。另著有《分歧者外传》和《死亡刻痕》等多部作品，成为美国青春文学界的领军人物之一。

⊙ 人性的黑暗面会摧毁文明

——《蝇王》

　　这本小说描述了荒岛上的一群儿童，他们先是建立了一个比较脆弱的文明世界，后来因为人内心的黑暗面和恐惧，人性中的野蛮和暴力，把这个脆弱的文明彻底摧毁了。

　　《蝇王》（*Lord of the Flies*）是一本比较经典的寓言小说。"经典"的意思是说，它距离现在相对遥远一点，但至今大家还觉得它值得一看。《蝇王》由英国作家威廉·戈尔丁所作，出版于1954年。这本小说一经出版，就获得了一片赞誉。威廉·戈尔丁是一位非常著名的作家，1983年获得了诺贝尔文学奖。而他之所以能获奖，其中很大一部分归因于他创作的《蝇王》，因为它深刻反映了人性中恶的一面。这本小说描述了荒岛上的一群儿童，他们先是建立了一个比较脆弱的文明世界，后来因为人内心的黑暗面和恐惧，人性中的野蛮和暴力，把这个脆弱的文明彻底摧毁了。

这本小说中有几个人物非常有意思，比如一个叫拉尔夫的男孩，他一开始靠"选举"当上了这群孩子的首领。拉尔夫可以说是一个文明的代表，在作者笔下他被描写成具有真挚、直率这种领袖气质的人，而且他从头到尾都能够保留住人类文明的特性。当然，最后他也免不了被人性的恶、残酷、暴力和野蛮所腐蚀。比如他参与了一次"跳舞"，那其实是一群孩子杀害另一个孩子的集体行为。不过，他在被腐蚀之后会反省，会为自己的行为感到羞耻。作者似乎通过这样一个男孩来表现文明是非常脆弱的，但文明却是维系人与动物之间差异的一个最基本的东西。

小说中还有一个叫猪崽子的男孩，他似乎是一个不太讨人喜欢的孩子，但他非常聪明，而且是一个秉持科学、理性的人，所以他一直在担当拉尔夫的军师或者顾问这样的角色。因为他本身没有领袖气质，再加上比较枯燥等个性上的缺陷，使得他不受孩子们欢迎，很多意见没办法被大多数孩子所接受，只能通过拉尔夫的权威来执行。有一种说法是，猪崽子在小说中充当的角色是告诉大家科学在人类生活中的重要性。虽然科学在人类生活中必不可少，但是因为它太枯燥了，所以并不是那么受欢迎。

小说中还有一个非常重要的人物，他也是个孩子，名叫杰克，他可以说是代表了人性中比较黑暗的一面。他是唱诗班的领唱，一开始在这个荒岛上生活的时候，还愿意遵守大家刚刚订立的规则，比如大家应该拿着海螺发言，每个人都有平等发言的权利。渐渐地，他发现要生存就得吃肉，就要去杀野猪，因而学会使用暴力是非常重要的。他要克服自己曾经有的一些恐惧感，比如他第一次杀野猪时就不敢下手，但他后来逐渐感受到暴力给他带来的快感，接下来他就彻底地摧毁了原先大家所认同的规则，依靠自己及其追随者建立了一个崇尚暴力的新秩序。所以我们在这本小说的最后一部分看到，他在追杀由大家用选举的方式选出来的领袖拉尔夫。作者是想以此表现文明的脆弱，以及暴力和野蛮对文明的打击。从人变成一个跟动物没有太大区别的禽兽，其中一个最重要的原因就是文明的丧失。

这本小说为什么叫《蝇王》呢？"蝇王"其实是一个象征性的东西，可以说是"撒旦"的意思，也就是最邪恶的一种东西。很多孩子都说在这个岛上有一个让他们觉得非常害怕的怪兽，但是，其中有一个被他们杀害的孩子说过，所谓怪兽其实是他们自己。这个怪兽在每个孩子的心里，它并不是真实存在的，只不过是他们心里的恐惧感。他们因为恐惧，才会想象出一个巨大的怪兽，由这个怪兽引发的恐惧把他们本来就非常脆弱的文明彻底毁灭了。

这本小说的最后出现了一个成年人，这唯一一个成年人是一位海军军官。因为他的出现，拉尔夫最后才没有遭到杰克的杀害。还有一个非常有意思的场景是，这个成年人看到这些已经变得像野蛮人一样的孩子时很有感触，然后回头看了一眼，而他看到的是远处的一艘军舰，那是成年人正在进行战争。威廉·戈尔丁曾经在英国海军服役过一段时间，他见过战争给人类带来的一系列破坏，也见证了人性在战争中从文明走向荒蛮的过程，这一切都在他的书里表现出来了。

（主讲　阎丘露薇）

威廉·戈尔丁（William Golding，1911—1993），英国作家，1983年诺贝尔文学奖得主。自幼爱好文学和写作，1935年从牛津大学毕业后，曾当过临时演员、导演、编剧、教师等。二战期间曾加入英国皇家海军参战，退役后继续从事教学工作和文学创作，并先后获得文学硕士和博士学位。1954年，小说《蝇王》出版后获得世界性的声誉，后又创作了《继承者》《黑暗昭昭》《启蒙之旅》等作品。1988年获封爵士。

◉ 理想主义蜕变史

——《动物庄园》

　　这本小说讲述的是在英格兰的一个庄园里，一场"动物主义"革命的酝酿、发生、发展及其最后的蜕变。

　　说到成年人看的一些反乌托邦小说，一定要提乔治·奥威尔的《动物庄园》。说到乔治·奥威尔，大家还会想起他的另一部反乌托邦作品——《一九八四》。有学者指出，西方文学自《伊索寓言》以来，历代都有以动物为主题的童话和寓言，但对 20 世纪后期的读者来说，此类作品中没有一个能比《动物庄园》更中肯地道出当今人类的处境了。

　　《动物庄园》发表于 1945 年，大家都知道那个时代的背景。这本小说讲述的是在英格兰的一个庄园里，一场"动物主义"革命的酝酿、发生、发展及其最后的变质。小说中有一头年纪很大的猪，名叫老少校。老少校在觉得自己的生命快要结束的时候，要和自己的动物伙伴们分享这样一个理念，即人类剥削动物，动物必须革命。讲述完这个人生体验和信念后不久，老少校就死了。没想到在它死后不久，庄园里的动物们真的发动了一场"动物革命"，把它们的主人赶出了庄园，实现了当家做主，这个农场也改名为"动物庄园"。而且，它们还提出了七条戒律，其中一条是"凡动物一律平等"。

后来，有两头领导过"动物革命"的猪出现了内讧。其中一头猪叫雪球，很有谋略，而且经历了浴血奋战，把想要夺回庄园的主人赶了出去。另外一头猪叫拿破仑，它养了一批非常凶残的狗，最后靠这些狗把雪球驱逐出了庄园。后来，雪球又被描述成一个叛徒，企图做一些不利于这个庄园的事情，这也奠定了拿破仑的领导地位。

在这本小说里，除了属于领导阶层的猪之外，还有一种非常有趣的动物就是马。小说中有关几匹马的描写，也占了不少篇幅。其中有一匹马叫拳击手，它是"动物主义"理念的忠实追随者。它相信所有动物都是平等的，也为自己能够当家做主感到非常光荣。它随时响应领袖的号召，非常勤劳肯干，最后累倒在自己的工作岗位上，还被卖到屠马场杀掉。

在"动物庄园"的各种各样的动物里，有一头名叫本杰明的驴非常有趣。它一直对领袖人物的所作所为抱有怀疑态度，但它又一向明哲保身，从来不说出来。即便其他动物问它现在领袖所做的决策是不是和我们之前规定的戒律有冲突之处，它也不会告诉它们。虽然它嘴上不说，但是它心里非常明白。乔治·奥威尔说，其实写这头驴就是在写他自己。他同样具有独立思想，对极权主义有所怀疑，但他又想明哲保身，很多时候并不想把自己觉得不太对的东西说出来。他就在小说中设计了本杰明这样一个角色，用它来影射一批跟他类似的知识分子。

大家觉得既然这本小说是寓言故事，每一个角色都可能会和我们的人类社会有一些相似之处。根据乔治·奥威尔后来的一些访谈、书信等，我们可以看到他在小说中影射了当时一系列的国际关系。比如里面有一个隔壁农场的主人，他最后和"动物庄园"里的猪领导层建立了非常友好的关系，在同一个房间里喝酒，还一起打牌。也就是说，这些农场主之间虽然会有争议，但他们在本质上其实是一样的，都有着共同的利益。这样一个农场主似乎是在影射当时西方国家的领导人，比如英国首相丘吉尔或者美国总统罗斯福。

这本书里还有一些非常有趣的格言，比如说"凡动物一律平等，但有些动物比其他动物更加平等"。原来的戒律只有上半句，当现实生活中出现实际的不平等之后，大家发现写在墙上的这个标语已经变了，被加上"有些动物比其他动物更加平等"这样一句话。

（主讲　闾丘露薇）

乔治·奥威尔（George Orwell，1903—1950），英国作家、记者、社会评论家。出生于印度，1921年毕业于英国伊顿公学，后在缅甸当警察，还参加过西班牙内战。一生颠沛流离，但始终以深邃的洞察力和犀利的文笔记录时代的变迁，并做出超越时代的预言，被誉为"一代人的冷峻良心"。代表作为《动物庄园》和《一九八四》。

达尔文的秘密花园

为什么我会说达尔文是一个绅士科学家，或者说是最后的绅士科学家呢？以前做科学研究，对于大部分人来说是个业余爱好。当时有这么一帮贵族或中产阶级，他们衣食无忧，甚至不用工作，就用业余时间甚至全部时间去做学术研究。比如英国皇家学会一开始就是一群绅士搞的一个俱乐部，并不是一个专业学会。达尔文就是这种阶层的成员之一。他的家庭背景不错，后来继承了父亲的一笔遗产，再加上投资有道，所以在乡间悠闲度日，又买得起各种书籍和实验器具，他生养了一大堆孩子，家里还有佣人。

华莱士比达尔文年轻14岁，各方面都与达尔文完全不同。他家境贫寒，没念过大学，没受过博物学家的指导，没有人脉资源认识英国海军，所以没有机会像达尔文一样，以一个备受礼遇的身份招乘英国皇家舰船环游世界。他年轻时去机械学校进修过，但他不是一般的工人，他的求知欲非常强。他晚上不去酒吧，最大的兴趣就是上学和在公共图书馆里充实自我。他拼命地读书，阅读自己感兴趣的书，也想有外出探险旅行的机会。

● 一本改变了世界的科学经典著作

——《物种起源》

　　为什么《物种起源》会成为一本经典的科学著作，直到今天还值得大家去读呢？一是因为这本书的文笔好，二是因为至今仍然有很多人围绕着它在争论不休。

　　1836 年 10 月 2 日，一艘很不起眼的帆船"贝格尔号"（又译"小猎犬号"），经过五年的航行回到了英国。船上有个回乡的年轻人，时年 27 岁，当年他出去旅行时才 22 岁。刚走的时候，这个年轻人很好动、活泼，也很喜欢玩儿。比如他看到南美洲外海一些群岛上的大象龟时，曾试着爬到它背上去，看它能不能驮得动他。那时候他一心想的就是玩够这五年，好好见识下这个世界，回到英国后就安心当个乡村牧师。但是，现在他的想法变了，性格也变了。他上岸后发现自己已经小有名气，这源于他一路寄回来的一些观察记录和研究笔记。他整个人变得非常严肃深沉，不苟言笑，但他依然是一个很怕事的人，不愿意跟别人起正面冲突，小心翼翼地处理自己的一些新想法。

这个人就是达尔文。我们当然知道他是"演化论①之父"，他大概是过去两百年里对人类影响最大的人之一。他那一趟贝格尔号之旅，也是过去两百年来最有名、最重要的旅行之一，不止改变了他自己，也改变了全世界。这趟旅行是怎样改变了世界呢？我们在二十多年后的一本书上看到了这个结果，这本书就是《物种起源》。这本书的英文初版，我有幸在香港一个古书展上亲眼见过，看着很是感动。这本书现在已经被卖到天价了，没有上千万人民币是绝对不可能拥有它的。

《物种起源》一出版就引起了很大的轰动。那么，这本书到底跟达尔文的那趟旅行有什么关系呢？我们知道他去过科隆群岛，并在那里发现了一个很奇怪的现象：那里的生物跟其他岛上的生物很不一样，很有自己的特色。比如那里的鸟跟其他地方的鸟虽然看起来像是同一种，但它们的嘴巴长短不同，是有独特性状的亚种。后来他发现，这

---

① "进化论"的另一种译法。

是因为同一种动物迁徙到那里生活以后，为了适应那里独特的地理环境和气候条件，慢慢地发生了一些变化。他从这个发现推演出现在人人都知道的自然选择学说，即生物为了能适应环境会不断改变自己。这个变化，就是后来我们所说的演化或进化。

在生物演化的过程中，我们知道是最适者生存。什么叫最适者生存呢？简单来说就是，假设一群鸟里面有的是红眼睛，有的是蓝眼睛，它们都会把自己的眼睛特色遗传给下一代，如果蓝眼族遗传下来的基因多一点，那么下一代是蓝眼睛的就会多一点，蓝眼族就占了优势，比较适应这里的环境，这个种类就会繁衍下去。但有时候也会发生变种，出现一些新的品种，说不定还会威胁到蓝眼族。总之，这种演化是会不断地发生的，是不会终止的，这都是为了适应生存环境。现在所说的这些都已经是老生常谈了，但是当年刚提出的时候，让人非常惊讶，人们觉得这是一种离经叛道的理论。

《物种起源》这本书很奇怪，直到今天还有很多人想要好好地通读它、研究它。事实上，达尔文所有的作品直到今天都还很受重视。前些年，有两位非常有名的美国科学家不约而同地分别把达尔文的《物种起源》《贝格尔号航海志》《人类和动物的表情》等几本主要著作汇编成一卷书，并为它们写了很多导读。两人都宣称自己是有史以来第一位这么做的人，他们大概不知道对方也正在做这件事。其中一位是诺贝尔生理学或医学奖得主詹姆斯·沃森[①]，他写过一本很有名的科普著作叫《双螺旋》；另一位是我很崇拜、很喜欢的哈佛大学生物学家爱德华·威尔逊[②]，他本身是一位研究蚂蚁的专家，在美国也赫赫有名。

爱德华·威尔逊编的这本书叫《从如此简单开始：达尔文的四本好书》（2005）。他在书里写道，今天的生物学大概有两大方向：一个是功能生物学，它解释的是生物体是如何运作的，并用各种生物化学原理来研究我们的日常行为；另一个是演化生物学，它要研究的问题是为什么生物

---

① 詹姆斯·杜威·沃森（James Dewey Watson, 1928— ），美国生物学家，1962年诺贝尔生理学或医学奖三位得主之一。15岁考入芝加哥大学，1947年获得动物学学士学位，1950年获得印第安纳大学遗传学博士学位。1951年至1953年在英国剑桥大学做博士后研究员期间，与物理系博士生弗朗西斯·克里克共同发现DNA双螺旋结构，被称为"DNA之父"。

② 爱德华·威尔逊（Edward O. Wilson, 1929—2021），美国生物学家，被誉为"社会生物学之父"和"生物多样性之父"。1955年获得哈佛大学生物学博士学位后，留校任教直至退休，哈佛大学比较动物学博物馆昆虫馆名誉馆长。以《论人的本性》和《蚂蚁》（合著）两度获得普利策非虚构类图书奖，另著有《缤纷的生命》《生命的未来》等诸多作品。

会变成今天这个样子，今天的人为什么长成这副模样，我们人类是怎样起源的等。其实，功能生物学也好，演化生物学也罢，都离不开达尔文的贡献。

为什么达尔文的作品到今天还很受重视？事实上，科学史上有很多经典著作，但我们一般不会说你想要了解科学，你就要去读科学经典。比如今天你想知道牛顿力学，你用不着去看牛顿当年写的那本书；你想读点相对论，你也不用真的去找爱因斯坦的著作来看。科学史上的经典，跟我们一般所讲的人文社会科学的经典是很不一样的。"经典"指的是一本书出版时引起轰动，起过一些作用，后来它的内容能够被总结在其他著作比如教科书里，大家就不用回头再去看原著了。但只有达尔文的《物种起源》，直到今天还是很多学者认为应该推荐给大家看的书。

为什么《物种起源》会成为一本经典的科学著作，直到今天还值得大家去读呢？一是因为这本书的文笔好，二是因为至今仍然有很多人在围绕着它争论不休。在今天很多学术研讨会上，还有科学家互相指责对方误解了达尔文的原意，要把这本经典拿出来看看应该如何解读他的原意。

（主讲　梁文道）

达尔文（Charles Robert Darwin, 1809—1882），英国生物学家，进化论的奠基者。他出生于一个医生世家，1825年被父亲送到爱丁堡大学学医，但对医学并不感兴趣，三年后转到剑桥大学改学神学。1831年从剑桥大学毕业后，以博物学家的身份随贝格尔号军舰进行环球考察。1836年回国后潜心研究和写作，1859年出版了划时代的科学巨著《物种起源》。

◉ 演化论的孕育处

——《达尔文的秘密花园》

> 唐恩小筑的花园，就是孕育了《物种起源》和达尔文后来所有伟大成就的地方。

我这些年在南洋的一些地方很喜欢看一样东西，那就是以前从欧洲来的殖民者或探险家的墓地。最早的墓碑可能是 16 世纪的葡萄牙人、西班牙人留下来的。我每次看到这些墓碑都在想，这些人当年到底是为了什么远离家乡来到遥远的东方呢？难道他们不知道自己很可能会葬身于异乡吗？当然，他们是知道这一点的，而且还知道自己很可能永远到不了心中那个东方，还可能会在大海中断送性命。那么，他们为什么还要出国呢？这些企图或者野心的背后，藏着一个怎样的帝国呢？

这些看似跟我要谈的达尔文扯不上关系，但实际上两者是有关系的。我们注意到坊间有很多关于达尔文的传记，以前大家最关注的当然就是他乘坐贝尔格号漫游全球的那段经历。因为那段丰富多彩的经历，达尔文写出了一本非常精彩的有关旅游的文学经典——《贝格尔号航海志》。但是，现在越来越多的人关注的是他回到英国以后的日子。《达尔文的秘密花园》这本书探讨的就是他中年以后的生活。作者叫迈克尔·博尔特，是一位英国古生物学家，曾任国际生物科学联合会英国代表。他前些年写过一本书叫《灭绝：进化与人类的终结》(*Extinction: Evolution and the End of Man*)，读起来非常让人震撼。因为在这本书里，他非常大胆地预测了人类将在什么时候灭绝这样的问题。

我们知道达尔文这个人很奇怪，他对大自然很好奇，对生物也很感兴趣，可是他回到家乡以后就再也没有离开过英国。不止如此，他还越来越自闭。他不愿跟人来往，不愿参加什么学会，就住在伦敦市郊一个名叫"唐恩小筑"的房子里，偶尔会有朋友来看他，但是如果有太多陌生人来找他，他会很不高兴，甚至会呕吐。他的工作室旁有个小洗手间，就是专门供他呕吐用的。他一辈子肠胃都不好，一紧张郁闷就会呕吐，看见人多时也会吐。在他晚年的时候，牛津大学要颁发名誉博士学位给他，他也拒绝去领，因为怕见人。他一生的好朋友莱尔①去世的时候，他也拒绝去当扶棺人。他非常自闭，总是躲在自家的秘密小花园里。

唐恩小筑的花园，就是孕育了《物种起源》和达尔文后来所有伟大成就的地方。他足不出户，就坐在这里做研究。虽然他老抱怨房子很难看，但却将花园照顾得很好。这座花园是供观赏、实验和家庭休闲所用。他在里面做过各种各样的实验，试着拿一些植物的种子在这里培育，然后观察它们。他养过各种各样的动物，解剖世界各地寄来的标本。他对秩序、上帝或社会进程没有太大兴趣，他的花园就是大自然本身，四周的景色就是他的归属。他喜欢在花园里散步。花园附近有条河，他也喜欢到那里散步。他在这个地方，孕育出了对世界的一个崭新认识。

可是，达尔文无法完全在那里隐居。19世纪四五十年代的历史大事件，比如拿破仑三世上台，虽然在当时扰乱了法国的政治和士绅阶级，但如今看来意义不大，而在当时微不足道的骚动，比如不为人知的蚯蚓挖地道，长期来

---

① 查尔斯·莱尔爵士（Sir Charles Lyell，1797—1875），英国地质学家，被誉为"现代地质学之父"。曾学习法律并从事律师职业，后改行成为地质学家，是地质学渐进论的奠基人。他的主要著作《地质学原理》对达尔文的启发很大，与《物种起源》被后世并称为进化论思想的两座高峰。

看却有着比较伟大的意义。这位住在唐恩小筑的斯文绅士算出，每亩地里有 53767 条蚯蚓，而拿破仑三世只有一个。为什么这些蚯蚓比拿破仑三世更重要呢？这是因为，假如没有这些蚯蚓持续地翻土的话，我们的土壤如何能够培育这么多植物，又如何能够承托起整个生物界呢？我们这个蓝色星球跟其他星球不一样的地方就在于它布满了生命，这是最壮丽的景观。蚯蚓很可能就是地表生物生存的一个基础条件，当然比拿破仑三世伟大多了，也更值得研究。

达尔文在花园里做过各种各样的研究，比如研究藤壶、养鸽子。他非常喜欢养鸽子，因为他在这个过程中可以得到很多帮助。他希望在一个小范围内好好地看一下某种生物的遗传特性是怎样出现的，又是怎样变异的。那些养鸽人跟他成了朋友，这是他那时候唯一喜欢结交的一群人。那些人看起来比较粗俗古怪，跟他这个中产阶级非常不一样，但却给了他很多灵感。他看那些人怎样选择培育鸽子的某个特性，比如红色的嘴部或者比较大的球胸，看这些特性是怎样遗传的，这一再让他思考"天择"这个机制是如何运作的。

《达尔文的秘密花园》这本书因为是一位专业的古生物学人士写的，所以里面还提到很多与演化论有关的争论。但是，在作者没有想到的一个地方，我发现了一件让人很意外的事情。达尔文足不出户，天天在花园里，看起来就像是那种已经老去的、现已不存在的绅士科学家。那些科学家像牛顿一样，就住在自己的斗室里，不跟人来往。但是，达尔文搞的是生物学研究，需要大量的标本。这些标本和观察记录，他没办法一个人做，那他能靠谁呢？就是他那些遍布世界各地的朋友们。这些朋友，他大部分都不认识，比如曾经做过港督的宝宁爵士[①]，但这些人都愿意帮助他，并给他寄去了标本。这个通邮的网络靠遍布全球的人来维系，那么他们都是什么人呢？就是我开头所说的那些人。整个英国在科学上的进步，包括演化论在内，都离不开这些遍布全球的雄心勃勃的人，他们有的是殖民者，有的是探险家，有的是商人。他们共同构筑了一个帝国的网络，同时，它也是一个新观念诞生的基础。

（主讲　梁文道）

---

① 宝宁爵士（Sir John Bowring，1792—1872），法学博士，曾任英国下议院议员、英国驻广州领事等职，1854 年 4 月至 1859 年 9 月任第四任香港总督。

迈克尔·博尔特（Michael Boulter，1942—   ），英国古生物学家。早年在伦敦大学学院学习植物学、地质学和化学，曾任教于东伦敦大学，并担任过古生物协会编辑、国际古植物学协会秘书、国际生物科学联合会英国代表。2002年因《灭绝：进化与人类的终结》一书而声名大噪，书中指出人类可能会比过去认为的更早灭绝。

● 绅士科学家的犹豫与不安

——《完美先生达尔文——〈物种源始〉的漫长等待》

> 他苦思了二十多年的东西，居然要被一个名不见
> 经传的年轻人首先发表了，他该怎么办呢？

对于达尔文的生平和演化论诞生的过程，我一直是非常有兴趣的。因为其中有太多的故事等待发掘，有太多的事情让人神往。比如我们中国人很难想象得到，当年达尔文在推出他的理论之前有多么犹豫和不安。因为中国人没有像欧洲人、美国人那样的基督教文化背景，对于达尔文理论给宗教信仰带来的那种挑战、震撼和刺激，是比较难以理解的。这也就说明了为什么各种各样的生物演化论一传入中国，马上就风靡全国，中国人接受起来也非常自然。反观别的国家，例如美国这样一个先进的国家，直到今天还有近一半的人相信万物是上帝创造的。这么一对比就可以知道，当年达尔文在推出演化论之前有多大的压力。

《完美先生达尔文》的作者大卫·奎曼并不是一位专业的科学家，而是一位专业的科学作家。科学作家和科学家不同的地方在于，前者不是在一线研究科学，而是能够掌握一线科学研究的成果，然后用一种很完美的写作方法将其介绍给大众。《完美先生达尔文》就是这么一本写得非常好的书。这本书的英文名叫 *The Reluctant Mr. Darwin*，我不太明白中文版为什么要翻译成《完美先生达尔文》，好像是要讲达尔文追求完美一样。其实，这个译法有点不妥，按字面直译为"犹豫不安的达尔文"就行了。

大卫·奎曼在书中提到，当初达尔文构想演化论时所要面对的那个背景问题是什么。欧洲人自古以来都相信有神的存在，在受到基督教的洗礼之后，更加坚信世间万物都是由神创造的，人在万物之中是有特殊地位的。正如上帝对亚当所说的，"你对我创造的其他物种都握有权柄，你是非常特别的，你是万物之灵"。但是，这一切后来都受到达尔文演化论的冲击。欧洲人经历过三大科学革命：首先是哥白尼、开普勒他们颠覆了地心说，接下来是牛顿拉近了天与地的距离，最后是达尔文推翻了一个以人类为中心的世界观。达尔文把这种认知从天文学延伸到生物学，他在早期的笔记中曾抱怨人们常常赞叹人类智慧的出现，但他对此并不那么感兴趣，反而觉得世界上具有其他感官的昆虫的出现才值得赞叹。

为什么说达尔文是延续而并非完成了开普勒对抗人类本位说的革命呢？大卫·奎曼说，那是因为这场革命还在进行中，许多人，甚至是宣称接受达尔文演化论的人，都不认同他著作中的所有内容。达尔文有一个比演化论还要深奥的想法，那就是他称之为"自然选择"或者"天择"的概念，他认为这才是演化发生的主要机制。这样一个机制表明，演化没有目的，但是有效的。在这个过程中，（诸物种）各个平等，不知道未来，不讲求目标，只有结果，其唯一的价值标准是成功存活与繁衍后代。

如果达尔文从坟墓里出来，看到中国人对演化论的理解的话，定会大吃一惊的。因为中国人一般把演化论称为"进化论"，总以为进化好像有个特定的目标，每个人、每一个国家的进化都有一个终极目标似的，都有一个特殊的使命需要完成。但是，这并不是演化论原来应该有的含义。

《完美先生达尔文》这本书最好的一个地方是，它大量引用了达尔文的笔记。达尔文是一位勤于观察一切事物并记录他的所见所想的学者。早年他在笔记中谈到各种生物演化过程的时候，先是提到了不起的人类是唯一的例外，接着又补充说人类显然是一种哺乳动物，人不是神，人拥有某些跟动物相同的本能与感觉，这是达尔文首度阐述对人类的看法。但是，隔了不到三行的文字后，他就否定了前面的说法，坚决表示人类并不是例外。

人类是否例外这个问题，一直深藏于达尔文的心里。他从贝格尔号环球旅行回来之后就开始思考，这个想法已经在他心里埋了很久，但他一直不敢公开说出来。这是为什么呢？大卫·奎曼用几维鸟（Kiwi，又译奇异鸟）和它所生的鸟蛋的关系，来比喻达尔文和他这个危险想法的关系。我们知道新西兰的这种国鸟的肚子胖胖的，很可爱，不会飞，只能用两条腿走路。一只雌鸟的重量大概不到 2.3 千克，但它却能生下 0.45 千克的蛋，这几乎是它全身重量的 1/5。这个事实曾经让达尔文非常好奇，为什么这种鸟会产那么大的蛋？雌鸟是怎样把蛋生出来的？几维鸟生蛋的过程是非常痛苦的，就像达尔文的脑子里一个折磨得他非常痛苦的想法。

我们知道达尔文一生中最奇妙的一段时光是，他明明已经构想出了演化论的基本概念，但是一直没怎么发表，只是有一些片段式的想法流传出去，他只跟一些最知心的科学家、好友们书信往来，在信件里讨论自己的想法。这是当年学术界最常见的一种交流方式。那个时候学术期刊不像现在这么普及，更没有互联网，所以全世界的学者们都是通过信件来互相讨论和传达意见的。生物学家就用信件的方式来寄呈研究报告，甚至是标本、植物的种子及整只动物。达尔文一直住在伦敦市郊的唐恩小筑，并不知道外界有没有其他人也在做跟他类似的事情，这时候有一个后来非常有争议的人物出现了，几乎要取代他的位置。这个人就是华莱士①。在科学史上，大家都认为华莱士是个英雄般的悲剧人物。

为什么我会说达尔文是一个绅士科学家，或者说是最后的绅士科学家呢？以前做科学研究，对于大部分人来说是个业余爱好。当时有这么一帮贵族或中产阶级，他们衣食无忧，甚至不用工作，就用业余时间甚至全部时间去做学术研究。比如英国皇家学会一开始就是一群绅士搞的一个俱乐部，并不是一个专业学会。达尔文就是这种阶层的成员之一。他的家庭背景不错，后来继承了父亲的一笔遗

---

① 阿尔弗雷德·拉塞尔·华莱士（Alfred Russel Wallace，1823—1913），英国博物学家、探险家、地理学家、人类学家和生物学家。出生于威尔士的乡下，早年当过学徒，从事过土地测量员、教师、土木工程师等工作，后来受到达尔文的《贝格尔号航海志》、查尔斯·莱尔的《地质学原理》等书的影响，于1848年开始出国采集生物标本并写观察笔记，逐渐成为一位著名的科学家。后来转而相信唯心论，支持招魂术和智能设计论，致使名誉受损。

产，再加上投资有道，所以在乡间悠闲度日，又买得起各种书籍和实验器具。他生养了一大堆孩子，家里还有佣人。

华莱士比达尔文年轻 14 岁，各方面都与达尔文完全不同。他家境贫寒，没念过大学，没受过博物学家的指导，没有人脉资源认识英国海军，所以没有机会像达尔文一样，以一个备受礼遇的身份搭乘英国皇家舰船环游世界。他年轻时去机械学校进修过，但他不是一般的工人，他的求知欲非常强。他晚上不去酒吧，最大的兴趣就是上学和在公共图书馆里充实自我。他拼命地读书，阅读自己感兴趣的书，也想有外出探险旅行的机会。这是大英帝国正在雄起的年代，很多年轻人的梦想就是出去了解世界。每个人都对外面的世界充满好奇，都想往外闯。

后来华莱士就跑到南美洲去，在亚马孙热带雨林折磨人的高温天气里采集标本。他曾经因为手部受伤感染而绑上绷带，两个星期不能工作，日子过得非常艰苦。他做了四年的标本采集和笔记记录，却在回国的船上遇到海难，使辛苦多年的成果毁于一旦。但是，这并没有打击他的热情。这个充满求知欲的年轻人，回国后不久又开始了远行，这一趟是去了马来群岛。他在那里生了一场重病，在高烧不退胡思乱想之际总结出他过去几年的一个发现，然后写了一封后来非常有名的信，信中还有一篇论文。

华莱士思考的问题是，他走过世界上很多热带雨林，发现过很多奇异物种，为什么有那么多亲缘相近的物种会分布在不同的地方呢？又为什么有一种明明看起来很相近的物种，只隔了一条河流或一座岛屿就会产生一些变异呢？产生变异的机制到底是什么呢？为什么有些个体存活了下来，而大部分却不幸被淘汰了呢？这个问题的答案，他在信中这样写道："全在于最适者生存。我愈想愈确定，自己终于找出始终悬而未决、解答物种起源的大自然法则。"

然后，华莱士把这封信和这篇论文寄给他当时知道的科学家。那个人就是隐居于乡间、跟他有着相似的理念、但是从来没有发表过这些想法、一直害怕受到来自宗教和社会的压力的达尔文。达尔文收到这封信时，大家可以想象一下，那会是一个多么震撼的场面。他苦思了二十多年的东西，居然要被一个名不见经传的年轻人首先发表了，他该怎么办呢？他非常惊讶，只好跟科学界的朋友们商量。那些朋友曾经警告过他，他再不好好把他的东西写出来，会被人捷足先登的。

从这件事情上我们可以了解到，一个伟大理念的诞生真的是很有趣。仿佛到了某一个节点上，很多人都在思考相同的问题，会有相似的想法出现，只是看谁先提出来而已。演化论是达尔文最先想到的，但现在他遇到一个年轻的挑战者了。他不能假装自己没看过这封信，因为华莱士在信中请他帮忙把那篇论文拿去给人发表。但是，如果他偷偷地藏下这封信、假装没有收到的话，他就可以抢先发表自己的论文，得到一切荣光。他写信告诉朋友："现在我非常乐意出版十几页的概要。"因为他追求完美，所以他那本书一直写不完，而那本书正是《物种起源》。他在给朋友的信中接着写道："但是我无法说服自己问心无愧地去做这件事。"因为他收到了华莱士寄来的手稿，他不想做一件不够光明正大的事情。

达尔文的朋友们就帮他想到一个折中的办法，既能让他得到荣誉，又没有完全忽略华莱士的成果。因为在这帮科学家看来，默许达尔文独自享有这份荣耀是一件非常不光明磊落的事情。于是，他们就帮达尔文和华莱士在林奈学会①安排了一场联合论文宣读会。那天的宣读会，达尔

---

① 伦敦林奈学会（Linnean Society of London）是世界上最古老的生物学学会，成立于 1788 年，以纪念瑞典博物学家卡尔·林奈（Carl Linnaeus）。英国植物地理学家约瑟夫·道尔顿·胡克（Joseph Dalton Hooker）和地质学家查尔斯·莱尔是达尔文的好朋友，三人同为林奈学会的主要成员。在胡克和莱尔的安排下，于林奈学会 1858 年 7 月 1 日举行的学术会议上宣读了达尔文未发表的两篇论述和华莱士的论文手稿，现场大约有三十名听众。

文因为尴尬不敢去，而华莱士还远在马来群岛，不知道自己寄出的论文已经被人发表了。那天的场面非常奇怪，大约有三十个听众，他们听达尔文和华莱士的论文时呵欠连连，没有人意识到他们正在见证一场惊天动地的变化的发生，这是科学史上最奇怪的时刻之一。华莱士后来知晓了这一切，但他甘于接受他的命运。这帮有地位的学者终于接受了他这个外行人的观点，他已经很高兴了。

（主讲　梁文道）

大卫·奎曼（David Quammen，1948—　），美国作家。毕业于耶鲁大学，专事写作。目前已出版《致命接触》等十余部科普作品和小说，文章散见于美国《户外》《国家地理》等著名杂志上。

◉ 打破生物进化的迷思

——《生命的壮阔——从柏拉图到达尔文》

　　人类只不过是演化过程中的一场意外。人类尚且不如细菌，我们凭什么说人类才是进化的目标，是一种最了不起的生物呢？

　　中国人接触达尔文的学说已经有一百多年的历史了，最早是严复翻译的《天演论》，而这本书其实源自达尔文的"好战友"赫胥黎[1]写的一本书。不过，《天演论》的翻

---

[1]　托马斯·亨利·赫胥黎（Thomas Henry Huxley，1825—1895），英国生物学家，达尔文进化论的忠实拥护者。1893年，赫胥黎应友人之邀，在牛津大学做了一次有关进化论的讲演，后将讲演稿收录进《进化论与伦理学》一书。1895年，近代翻译家严复选译这本书的部分导言和讲演稿的前半部分，但不尽依原文直译，而是有选择地意译，甚至借题发挥，取名为《天演论》。

译有一个很微妙的问题。已过世的哈佛大学中国问题研究专家史华慈[①]写过一本很有名的研究严复的书，里面谈到《天演论》跟赫胥黎原来所想的有一个特别不一样的地方：严复特别强调竞争的残酷。于是，自从《天演论》流行以后，中国知识分子就普遍接受了"物竞天择，适者生存"这样的说法，把大自然想象为一个非常残酷的环境，而且这种残酷的竞争不仅发生于自然界，还发生于人类文明之间。所以当年很多知识分子觉得各个国家之间就像不同的物种在竞争一样，各个民族之间也像不同的生物一样在竞争，到最后能够活下来的就是最成功的、最完美的。

这就很容易走向一个误区。过去我们常说达尔文主义衍生出来一个最坏的后果就是所谓的社会达尔文主义，它认为人类社会也像大自然中的生物一样，不同的种族、民族之间是竞争关系，而竞争的目的就是要生存，最后能生存下来且生存得很好的、大获全胜的那个民族、国家就是最进步的。其实，这里面包含了一连串的错误，要追根溯

① 史华慈（Benjamin I. Schwartz，又译本杰明·史华兹，1916—1999），美国汉学家，从事中国历史研究。先后获得哈佛大学学士、硕士和博士学位，1950 年起在该校任教，直至 1987 年退休。著有《寻求富强：严复与西方》《古代中国的思想世界》《中国的共产主义与毛泽东的崛起》等作品。

源的话，可以追溯到一个关键概念的翻译，即"evolution"这个词应该翻译成"进化"还是"演化"呢？"进化"与"演化"的意思是完全不同的。如果是"进化"的话，那么我们一连串的假设就是生物是在不断进步的。如果是"演化"的话，那我们强调的不是进步，而是演变。"进化"强调的是一个最终的目的，而"演化"则全无最终的目的可言。

关于这一点，有位非常有名的作者写过一本非常有名的书叫《生命的壮阔——从柏拉图到达尔文》，作者叫史蒂芬·杰·古尔德，是一位已过世的哈佛大学教授。古尔德为什么这么有名呢？因为他是当代最优秀的演化生物学家、古生物学家之一，更重要的是，他长年累月在很多科学杂志上写一些文章给大众看，是位一流的科普作家。《生命的壮阔》是他的所有作品中最有影响力、最有名的科普著作，他还有一本遗著是长达一千多页的《演化论的结构》，也是一部掷地有声的巨著。大家如果有兴趣了解演化论的整个结构及其真实含义的话，可以拿这本书来读一读。

《生命的壮阔》里面最重要的一个观点，就是要打破关于生物进化的迷思。我们过去一直以为物种之间的关系就像楼梯一样，直到今天还能在很多中学教科书上看到这种误导的图像，比如把生物的演化史画成一条直线，从最早的无脊椎动物细菌开始，一直到最后能直立行走的智人，也就是人类。我们觉得这是一个进化的过程，人比最早的细菌成功得多、进步得多。这样的想法其实是有问题的。

问题在哪儿呢？史蒂芬·古尔德在书中写道："认为进化具体表现了基本的趋势或力量，可以产生确定的结果，这是个错误的观念。……人类之所以必须把进化的动力，看成是可以预测的进展，是为了对地质学骇人的发现——人类的生存期间极为短暂一事，加上'虚构'的解释。有了这个'虚构'，人类生存时间的短暂，就不会再威胁我们在宇宙间的重要性。"在整个地球的历史上，人类只占了很短的一段时间，那么人类的意义要怎样来确定呢？我们只好把自己说成是生物进化的目标。这样的想法跟有神论有什么区别吗？

用梯状的结构来描述生物演化史，也是在教科书上常见的。把进化看成是一座金字塔，觉得物种越往上进步就越少，到最后是人站在顶端。然而，任何楼梯状、金字塔状或者直线状的图表都是一种误导。古尔德认为对演化的正确理解应该是树状的，它是不断地分叉的，我们应该欣赏差异，欣赏今天世界上有很多不同的物种，这些物种都还存活着，都能适应现在的环境，从某种意义上说它们都是成功的。人类并不比蚂蚁成功，相反，从蚂蚁的数量及其在任何环境都能生存的能力来看，蚂蚁甚至可以说是比人类更进步——如果我们非要用这个词来描述物种的话。

这本书提到，地球上最了不起的物种是细菌。我们知道在高温的环境下，水能煮沸，纸张都能自动着火，但是在火山中，细菌还能生存。在格陵兰冰川下，也有细菌生存。这说明什么呢？我们觉得细菌很简单，但是我们要注意到细菌在很多环境里都能生存，而且数量非常庞大，存活在地球上的时间也是最长的。从这个角度来讲，人类只不过是演化过程中的一场意外。人类尚且不如细菌，我们凭什么说人类才是进化的目标，是一种最了不起的生物呢？

我们过去常常以为越复杂的东西越了不起，我们看看细菌，它其实并不复杂，但它很成功。复杂的物种只是一连串的意外造成的一种结果，而不是演化的目标，我们不要以为演化就一定要往复杂的方向发展。古尔德向来是一位很有争议的科学家，但他这个说法基本上是没有争议的，是现代演化生物学家所共同接受的。

这本书提到，当年达尔文曾不遗余力地提倡过非进步论。他曾经在一本大力鼓吹进化论的名著上写过一个眉批："千万别说什么更高级，更低级。"他在一封信里也说过：

"经过长期思考，我无法相信，所有生命都没有天生的进步趋势。"

（主讲　梁文道）

史蒂芬·杰·古尔德（Stephen Jay Gould，1941—2002），美国古生物学家、演化生物学家、科学史学家。1967年获得哥伦比亚大学博士学位，此后一直在哈佛大学任教。著有《自达尔文以来》《奇妙的生命——布尔吉斯页岩中的生命故事》等二十余部作品。

◉ 基因是生物体的殖民者

　　基因是极度自私的，任何生物体包括人类都不过是一台机器，这台机器里装了一堆基因，这些基因主宰了我们的身体，像我们的殖民者一样，操纵着我们，让我们为它服务，延续它的后代。

　　在生物学中，我们常常会遇到一些很古怪的问题。就拿蜜蜂来说吧，有个关于它的问题让很多人都大惑不解。大家都知道蜜蜂会蜇人，可是它一蜇完就会死，为什么呢？因为蜜蜂尾部的螫针是连着肠子的，它蜇完人之后，那根针就留在人身上了，而它的肠子也就被拉了出来，那它还能活下去吗？那么问题来了：为什么蜜蜂愿意牺牲自己来保护它的地盘，保护它的"女王"呢？我们通常说这是动物的一种利他行为，是动物里面的"雷锋"。

那么问题来了，这种利他行为到底有什么好处呢？一般的说法是，生物个体是会为了整个种群而牺牲自己。我们觉得生物演化的基本单位是种群，或者从演化的角度来说，生物追求的是整个种群的进步，而不只是个体的进步或者个体生命的延续。但是，有位学者在综合了很多人的说法后认为这是错误的。生物演化的基本单位既不是个体，也不是种群，而是基因。基因是极度自私的，任何生物体包括人类都不过是一台机器，这台机器里装了一堆基因，这些基因主宰了我们的身体，像我们的殖民者一样，操纵着我们，让我们为它服务，延续它的后代。

这种说法的提出者是《自私的基因》的作者理查德·道金斯。这本书是科普史上的名著，也是演化生物学上很重要且影响力很大的一本书。道金斯这个人很有意思，他是牛津大学的生物学教授，但是牛津大学专门为他开了一门讲座课叫作"公众理解科学"（Public Understanding of Science），可见他已经把科普视为己任。《生命的壮阔——从柏拉图到达尔文》的作者史蒂芬·杰·古尔德，以前是道金斯的老对手，两人在很多方面都有不同的意见。不过当古尔德去世后，道金斯也写了一篇文章来悼念他，并且写得相当感人。大家认为虽然他们在学术上是长期的论敌，但他们还是互相尊重，没有形成一种非常敌对的关系。这一点令大家相当敬佩。

《自私的基因》这本书想强调的一个观点是，成功的基因的主要特性是极端自私，基因的自私性往往会在个体行为上表现出来，但有时候我们又会看到一些利他行为。因为基因要存活，所以动物才会有利他行为。所以这种利他行为不是为了种群，而是为了基因。

那么，基因与生物个体的关系是怎样的？比如说人类的个体就像一个划船队，要选择十几个甚至几十个船员放在这条船上，这些船员必须有最优秀的禀赋和最好的能力，还要能彼此协调，这样整个船队才能获胜。就像一支球队里的每个球员都很优秀，但他们如果完全不理会教练的指挥，不在意战术的配合，也会必败无疑。此外，每个球员还要有适当的位置。比如足球队里踢前锋的人，必须有很好的把握能力和在禁区里拼杀的能力，而作为一个后卫，要有一种很勇悍的拦截的力量、意志和精神。每个人禀赋都不同的，身体里不同的基因都有各自的强项和功能，但它们组成这个个体之后，为了让彼此的存活环境更好，彼此也在进行协调。这就是基因与个体的关系。

道金斯认为，真正会演化的不是生命个体，而是基因，个体只不过是基因的一种生存工具，完全受基因的控制。

例如，女人为什么到了中老年就会停经呢？这是因为女人的身体里有一个"有利孙子"的基因，如果她不停经而继续生孩子的话，就无法集中精力照顾孙子了。

（主讲　梁文道）

理查德·道金斯（Richard Dawkins, 1941—   ），英国生物学家、科普作家。在牛津大学完成从本科到博士的学业后，曾任美国加州大学伯克利分校助理教授，1970 年返回母校任教，现为牛津大学新学院名誉研究员。1976 年出版《自私的基因》后声名鹊起，著有《盲眼钟表匠》《魔鬼的牧师》等作品，几乎每本都是畅销书。

◉ 基因工具盒魔变万物

——《无尽之形最美：动物建造和演化的奥秘》

> 演化发生学发现，人也好，斑马也好，蝴蝶也好，都有一套相同的主控基因工具盒，同一组基因能够演化出很多东西。

我以前看过一部纪录片，讲的是在一个日本汽车厂的研究室里，有一帮科学家在研究蝴蝶。蝴蝶跟汽车有什么关系呢？原来这个汽车厂想开发一种新颜色、新质感的汽车座椅，研究人员发现世界上极美的一种颜色就来自蝴蝶的翅膀，所以他们想要研究蝴蝶翅膀的膜质结构，看能不能应用到座椅上。

事实上，大自然的生物有着各种各样的美，但是也带给我们很多的疑惑。比如很多小朋友会问，斑马到底是黑马身上长了白斑纹，还是白马身上长了黑斑纹呢？这与蝴蝶的颜色一样都不是什么简单的问题，其背后牵涉到一些很复杂、很重大的生物学原理。演化发育生物学，简称演化发生学（Evolutionary developmental biology，简称 Evo-Devo）是最近几十年来演化生物学的一个最重要的发展趋势，想要理解这是一门什么学问，我们就必须提一个最简单的问题：为什么地球上的生物会有这么多不同的形态呢？我们知道它们是为了适应不同的环境而演化出来的。那么问题又来了：它们是怎样从最早的细菌演变成今天这么繁杂多样的生物呢？比如马怎么能演化出那么多种不同的类型呢？这个机制是怎样运作的？

这就牵涉到现代生物学上曾经发生过的所谓现代综合理论运动。这种理论综合了三种东西：一是古生物学家通过化石来研究长时间内生物的变化；二是分类学家研究不同物种的本质是什么，怎样准确分类；三是遗传学家研究个别物种的某些性状是怎样遗传下去和产生变异的。演化发生学代表着最新阶段的综合，它要研究的问题是把遗传学与演化生物学彻底结合起来，仔细看看不同的形状、器官在天择的作用下是怎样慢慢产生。

人都有手，手上有五根指头，这是怎样演变出来的呢？过去我们有一种错误的想法，以为人跟猩猩比较接近，而跟香蕉的关系是很远的，所以不需要从香蕉上去寻找它和人有什么共同点。就连演化生物学家曾经也觉得人跟猩猩之间的联系究竟要多于人跟香蕉之间的联系。这是对的，但问题是，这个联系有多近和多远呢？根据现在对 DNA 图谱的解读，我们发现了一个惊人的事实：原来，香蕉跟人并不是差得很远，黑猩猩跟人只差 0.2%，人跟果蝇也没有我们想象中有那么大的区别，大家大部分的基因都是相同的。

那么问题来了，为什么同样的基因能够产生这么多不同的物种呢？演化发生学发现，人也好，斑马也好，蝴蝶也好，都有一套相同的主控基因工具盒，同一组基因能够演化出很多东西。我们不要以为鸟有翅膀是因为鸟有一种基因是专门产生翅膀的，人有手指是因为人有一种基因是专门产生手指的。其实并不是这样的，而是同一种基因能在不同的环境下演化出不同的器官。就像人盖房屋一样，现代建筑再复杂、再丰富多彩，基本材料也就是水泥、木头、砖、石头这几种，但是凭借它们的数量、功用和某些具体环节的改变，建造出来的东西可以是多种多样的。生物也是如此，大家的基因里有相同的工具，只是这些工具在不同的环境下会有很不相同的变化。

大家曾发现过一个很奇怪的现象：在寒武纪的时候，地球上突然生命大爆发，一下出现了门类众多的物种。难道真的有神在创世吗？到现在还有很多人拿这个现象来反驳达尔文演化论观点。但是，根据演化发生学的分析，这些基因早就存在，只是在适当的条件和环境下开启了基因开关，这些物种就演化出来了。如果从这个角度来解释的话，斑马既不是黑马，也不是白马，只是一些不同的基因开关使得它有了黑色和白色的斑纹。

（主讲　梁文道）

肖恩·卡罗尔（Sean B. Carroll, 1960—　），美国科学家、作家。先后获得华盛顿大学生物学学士学位、塔夫茨大学医学院免疫学博士学位，并在科罗拉多大学波尔德分校进行过博士后研究，现任威斯康星大学麦迪逊分校分子生物学和遗传学教授、霍华德·休斯医学研究所研究员。著有《造就适者：DNA和进化的有力证据》《勇敢的天才》等作品。

● 达尔文主义的新老对手

　　——《创世论与进化论的世纪之争——现实社会中的
科学划界》

　　　　今天达尔文主义面对的问题比以前复杂多了，它
所面对的是一群有科学外衣的新对手，虽然内涵仍然
是老套的上帝创造万事万物。

　　如果大家平时特别留意国际新闻尤其是美国新闻的话，
可能会发现一个很奇怪的现象：美国有些州会突然在州议
会上开始一场关于演化论的激烈辩论，有的州最后甚至还
要立法让学校教生物学时不能只教演化论，还要教创世论。
似乎每隔一两年美国就会出现这样一些古怪的趣事。这是
从我们中国人的角度来看的，而从美国人的角度来看，那
可是生死攸关的大事。很多人尤其是中国人会觉得很荒谬，
今天的生物学课本怎么还会说世界万物都是由神一手一脚

创造出来的呢？大家都觉得这不是科学，为什么在美国这么科学、文明、进步的国家里，竟然还有人坚持要在中学里教授这样一种理论，或者至少要让创世论与演化论一起列入教育中呢？

其实，这不是今天才有的问题，而是老问题了。从达尔文提出他的学说开始，演化论就已陷入了无穷无尽的争论中，尤其是与宗教方面的争论。到了今天，大家可能以为这个争论已经结束了，但其实不然。虽然我是个天主教徒，但我觉得上帝创造世界万物的种种理论和说法是站不住脚的，我真心相信达尔文的演化论是很重要的一个发现。但是，为什么美国还会有这样的争论呢？是不是那帮支持创世论的人很愚昧无知呢？我们一般会说主张创世论的都是美国南部一些特别保守的地方，基本就是共和党的地盘，比如像布什、里根这些有名的保守派总统，他们本人都相信创世论，所以认为创世论还是应该教的。

任何人如果对演化论与宗教之间的冲突，甚至于对科学与伪科学之间的争论特别感兴趣的话，都可以看一看《创世论与进化论的世纪之争》这本书。作者张增一现在是中国科学院教授，这本书是根据他当年在北大念书时的博士论文改写的。我很少看到有中国学者特别关心这个问题，甚至以此为题材写了这么一本书。这本书把整个争论的过程描写得非常详细，提出了很多很有趣的看法。这本书把这场争论带出了科学领域之外，让我们看到这是美国社会中的一个重大议题，而且涉及一些对科学认知的谬误和盲点。这些年中国对此也有很多争论，比如中医到底是科学还是伪科学，我觉得创世论与演化论的这场争论可供参考。

那么，创世论到底是一种什么样的理论呢？其实，创世论有好几种版本，其中一种叫作"古老地球派创世论"，认为《圣经·创世记》里所谓六天创世的神话中每一天应该是指一个年代或时期，不能按照字面意义理解为就是一天。因为我们知道地球已经有几十亿年历史了，但如果按照《圣经》来仔细推算日期的话，地球大概只有几万年历史，那就有点太不像话了。还有一种理论叫作"年轻地球派创世论"，认为地球的年龄大约在六千年到一万年之间，上帝创造世界万物真是六天就完成了。还有一种比较科学的创世论叫作"持续创造的创世论"，认为上帝创世不是在六天之内完成的，而是一个持续的历史过程。现在最流行的创世论叫作"智慧设计论派创世论"，这一派的说法是什么呢？看看地球上所有生物都那么精密，那么复杂，跟所处的环境配合得那么恰到好处，这能是偶然的吗？不可能，所以后面肯定有一个充满智慧的高等生物比如神，才能够设计出这一切。

现在比较科学的创世论跟以前不一样，主要体现在三个方面。第一，现在的创世论者很讲究法律。我们知道美国保障人们的言论自由，宪法第一修正案就强调了这一点，所以现在很多人就想利用这个来把创世论塞进中学课程里。他们说演化论不是完全的科学，有很多误差，有很多内涵上的错误。他们指出这是一场科学上的争论，既然你说演化论是个假说，创世论也是个假说，为什么你那个能教而我这个就不能教呢？你只教你们那套演化论，是不是在歧视我们呢？

第二，这场争论牵涉到所谓主流科学与非主流科学之争。非主流的看法不一定是错的，但主流的看法往往是霸权的，我们不能反过来就以为任何非主流的看法都是对的。现在很多人就抱有这种观点，认为创世论只是一种非主流的科学观点，是被主流压迫和排斥的。这跟几百年前伽利略的境况完全相反。当年伽利略觉得他的科学观点是非主流的，是被主流压迫的，要受到宗教法庭审判的，而今天的创世论者却觉得自己是被压迫者。

最后也是最重要的一点是，现在的创世论者具有一定的科学权威，很多人拥有学位，甚至还在大学里教科学。这会让很多老百姓觉得，原来这是一帮科学家与另一帮科学家的争论，我们老百姓是不懂的，看来这些东西是存疑的。现在我们讨论很多科学与伪科学的问题时，就太容易相信权威了。明明是站不住脚的创世论，由于支持它的人也是一些饱学之士，我们就觉得它可能是有道理的，自己并没有深入去探究。这种做法不就是迷信权威吗？所以今天达尔文主义面对的问题比以前复杂多了，它所面对的是一群有科学外衣的新对手，但内涵仍然是老套的上帝创造万事万物。

（主讲　梁文道）

张增一（1963— ），山东聊城人。1985年毕业于厦门大学物理学系，后在华东师范大学自然辩证法暨自然科学史研究所、北京大学科学与社会研究中心分别获得硕士和博士学位。曾在北京理工大学人文与社会科学学院任教，现为中国科学院教授。

礼物、关系学与国家

为了理解这个独特的现象，马塞尔·莫斯写了一部经典之作——《礼物——古式社会中交换的形式与理由》莫斯是法国的一位社会学大师，也是一位人类学大师。

说起莫斯，他是生活在19世纪末20世纪初的人了。他的来头可不小，是涂尔干的外甥，也是他的接班人。涂尔干是谁呢？如果大家对社会科学稍有了解的话，应该知道社会学有三个奠基人，其中一个是大家很熟悉的马克思，另外一个是同为德国人的韦伯，还有一个就是法国的社会学大师涂尔干。涂尔干创办的《社会学年鉴》是当时法国社会科学界最重要的一本学术刊物，在他离世之后就是由莫斯接办的。

莫斯不只是个社会学家，很多人认为他也是人类学领域的一代宗师，主要是因为他写了《礼物》这本书。这本书很奇怪，你说它是社会学吧，它的确是社会学，但它又很像人类学。莫斯考察了世界上不同语言、文化、部族的人的一些生活习惯，

◉ 人类为什么愿意合作与共享

——《我们为什么要合作》

愿意跟别人合作构成了人类演化的关键，这使得我们能够学习其他人的技能，形成一个社会规范，长久而言，就是文明。

踢球的人很讲究团队精神，如果一个俱乐部、球队的球员们永远各自为政，自己拿到球后不顾别人拼命往前冲的话，那这样的俱乐部、球队是绝对不可能取得好成绩的。为什么我们要讲团队精神呢？团队精神到底是什么东西呢？团队又是怎么来的呢？我们研究后发现，原来这是人类这个物种尤为特别的根本特征之一。

《我们为什么要合作》（*Why We Cooperate*）这本小书相当有意思，作者叫迈克尔·托马塞洛。德国有一个非常有名的研究机构叫马克斯·普朗克科学促进学会[①]，下面设有很多不同的研究所，托马塞洛是现任马克斯·普朗克进化人类学研究所所长。研究所在他的带领下，综合了生物学、人类学、社会学、心理学、认知科学等领域的知识，来探讨一些人类演化出来的行为特征，或者是人性的本质，比如说人与人之间的合作。

我们常常说，灵长类动物跟人一样也会合作。这本书里就列举了大量这样的报告，比较了灵长类与人类的区别。举个简单的例子，大家看动物纪录片时也许见过，非洲的黑猩猩有时候会团结起来，组成团队去猎杀猴子，场面十分血腥残忍。猴子在树上跳来跳去，黑猩猩怎样才能捕捉到它们呢？黑猩猩的捕猎过程跟人类打猎一样，讲究团队合作。比如在猴子逃跑路线的后方，先让几只黑猩猩埋伏在那边，然后由一只黑猩猩主要负责追逐猴子，一直追呀追，目的就是要把它们推向已经埋下伏兵的地方，最后大家一举把它们抓住，干掉它们，吃了它们。

[①] 马克斯·普朗克科学促进学会（Max Planck Society for the Advancement of Science），前身是 1911 年成立的威廉皇家学会，1948 年为纪念诺贝尔物理学奖得主马克斯·普朗克（1858—1947）而更为现名，总部设在德国慕尼黑。该学会是目前国际上规模最大、威望最高和成效最大的由政府资助的自治科学组织，下设 83 个研究所、科研处、实验室和工作团体，致力于国际前沿与尖端的基础性研究工作。

狮子猎捕时也会这样做，人类打猎也常常会做这种事，那么区别到底在哪里呢？其中一个区别在于，科学家发现这些黑猩猩似乎合作得十分完美，但是，当其中一只黑猩猩抓到猴子之后，会想要独占，想跑到另一个地方去吃，直到别的黑猩猩威胁它，比如说力气比它大，或者是不知道用了什么方法来对付它的时候，它才心不甘、情不愿地跟同类分享。但是，人类打猎就不会这样。人类一个团队出去打猎，得到的猎物是要大伙儿一起分享的，而这种分享在没有社会阶序的状况下，往往是讲究公平的。

这本书里提到很多在幼儿园里做的研究，结果发现一两岁的小孩就已经有了一种公平分享的观念。有一些科学家做过非常有名的调查研究，告诉我们这种公平分享的观念是非常有趣的。比如有一个心理实验是研究人员对测试者说，隔壁房间还有一个人，我现在给你一百块钱，随便你怎么分都可以。也就是说，你想独吞这笔钱也可以，你愿意把钱全部给那个人也可以。这种实验很多人都做过，结果相当惊人。我们都说人性自私，可能大部分人会觉得这一百块钱我应该全部自己留着，谁知道隔壁那个家伙会不会也把钱分给我？但是，实验结果表明，绝大部分被试者愿意分五十块钱给那个并不相识的人，而且还认为那个人也会分五十块钱给他。

这是不是一种很奇怪的心理呢？人类为什么愿意在这种明显看起来没有什么特别好处的情况下还讲究公平呢？原来这是人类社会的一个很基本的德行，而这样的德行是有来头的。这本书里说到，公平分配行为对于黑猩猩来说，可能是因为害怕受到惩罚，而对于人类来说，还多了一种理性行动的推算。也就是说，大家要共同迈向一个目标时，为了达到这个目标，要各自做好自己的事，大家愿意一起为此而努力。这时候就出现了哲学家所说的"共享的意向性"。

所谓"共享的意向性"听起来很抽象，其实可以用很具体的例子来说明。假设你跟一个朋友约好要一起去超市买东西，你们在路上走着的时候，这个朋友忽然不辞而别，喊他他也不理，这时候你一定觉得这个人怎么这么没礼貌，这么古怪，是不是神经病呢？你会有一种"我们"的关系要破裂的感觉。但是，假如这个人接到电话，说家里有急事，他必须得先走。这时候你会觉得他离开的前提是做到了，也就是首先承认了"我们"的优先性，他先跟你解释了，跟你告别过了。"我们"这个概念是别的动物所不具备的，是人类所独有的。

那么，人们之间的这种合作是怎样产生的呢？假设你跟这个朋友在一个超市里买东西，那其实有点像猩猩们在森林里采野果，从这个入口进森林，再从这个出口回到原野上。不过，超市与森林有太多不一样的地方，首先我们要花钱，我们要对钱有一种信任，而且我们进去以后不会随便拿东西，因为我们知道这些是属于他人的物品。这一切包括最后的排队，背后都充满了社会规范和假设。这些社会规范和假设之所以存在，是因为人与人之间有一种共同的信任关系和宽容，同时我们愿意跟别人合作。愿意跟别人合作构成了人类演化的关键，这使得我们能够学习其他人的技能，形成一个社会规范，长久而言，就是文明。

（主讲　梁文道）

迈克尔·托马塞洛（Michael Tomasello，1950—　），美国心理学家。美国佐治亚大学博士，曾任埃默里大学心理学教授，现为德国马克斯·普朗克进化人类学研究所联合主任、莱比锡大学心理学系名誉教授和美国杜克大学心理学教授。著有《人类沟通的起源》《人类认知的文化起源》等作品。

◉ 相信专家不如相信群众

——《群体的智慧——如何做出最聪明的决策》

　　群众的决定不一定是最正确的决定，但是相对而言，它比少数精英、领导、专家所做的决定更不容易出错。

　　1968 年 5 月，美国海军一艘名叫"天蝎号"的核潜艇，在北大西洋执行完任务返航的途中突然失踪了。那片海域浪大、范围广，美国海军真的不知道怎样把它找回来。有一些人认为最正常的决策是找来一批救援专家，三五个人组成一个小组，一起研究最佳的搜寻地点。但是，有位军官想出一个很怪的主意。他虚构了一堆这艘潜艇可能失踪的情节和理由，然后召集来一帮彼此行业毫不相关的人，有的是海难专家，有的是潜艇专家，有的是国防专家，有的是数学家，有的是社会学者，请他们各自就每一种假设可能朝哪个方向发展而进行猜测，推测这艘潜艇的结局可能是怎么样的，失事的地点可能在哪里。然后，他把这些推测结果汇总起来，用一个叫作"贝叶斯定理"的数学公式推算出一个失事地点，最后真的在距离这个地方约201米处找到了"天蝎号"。

这个故事听起来是不是很神奇呢？为什么这帮人根据一些局部的甚至错误的资料各自做出判断，最后集合起来，却能够得出一个相当接近于真实情况的答案呢？《群体的智慧——如何做出最聪明的决策》的作者詹姆斯·索罗维基通过这个故事说明了一个道理，而这个道理其实中国人都懂，那就是"三个臭皮匠顶个诸葛亮"。为什么三个臭皮匠会顶一个诸葛亮呢？又为什么这种情况总是发生呢？这正是这本书要解答的问题。索罗维基是个财经专家，经常在《纽约客》杂志上写专栏谈财经问题，所以这本书出版后很受欢迎，财经界、政治界的人都很喜欢。

为了解答群众为什么会很有智慧这个问题，索罗维基特别用了一种较低级的动物来做例子，那就是蜜蜂。在正常情况下，一个蜂巢里的蜜蜂能够找到方圆六千米内的花，那么它们是怎么办到的呢？蜜蜂会不会在出巢搜寻花之前，先坐下来讨论一下大家选择哪条路线可能会找到最多的花呢？或者，会不会是蜂王下命令说，你们统统往东边走，那边有花呢？不会，因为蜂王不可能知道什么地方有花。那么，蜜蜂的方法是什么呢？就是派出尽可能多的侦察蜂，去所有方向转转看，若其中一只发现有个地方的花很多蜜很甜，就会飞回来跳"8"字舞，通知其他蜜蜂一起赶过去。也就是说，蜜蜂是用群体智慧来决定到什么地方采花蜜的。

这种所谓的群体智慧，往往跟我们的常识是相悖的。常识告诉我们，群众是盲目的，群众是不聪明的，群众是需要被启蒙的，群众是需要人去领导的，如果没有一个英明的领导，群众就会搞乱所有的事情。可是，举个例子，不只是示威游行，平常我们在街上活动时，大家只要仔细观察就会发现，那么多人在街上走着，为什么很少有人会互相撞到呢？为什么在人很多的街道上，你真要走快一点的话，也是可以走得很快的；你想走慢一点，也可以走得很慢呢？原来每个人在街上走的时候，都在判断自己与身边人的距离，大家就协调出了一种走路的韵律和节奏，这就是一种群体的智慧。群体智慧的最高表现，当然就是现在所谓的民主政治，大家都去投票。投票是什么行为呢？其实就是把每个人的决定加起来，形成一个集体的决定。

索罗维基在这本书里再三强调，我们不应该只相信少数专家，很多时候少数专家更不可靠。比如说股票市场，我们经常发现一些投资经理的决策其实是悖于大势的走向的。在看一家公司的股价到底能不能反映其真实价值时，所有公司的老板、总裁都会说，股民多盲目啊，股价当然不能反映我们公司有多好。其实并不是这样的，为什么呢？每一个股民所掌握的信息虽然不如这家公司的 CEO 知道的那么全面，但是他们依据局部的信息各自独立地推理，最后得出一个汇总的结果，这个结果就是这家公司在股市的表现。

为了让群众的智慧能够发挥出来，索罗维基指出要满足四个条件。第一，要多样化。这个群体里不能只有一种人，各种背景的人都要有，大家要有不同的知识、专长和兴趣等。第二，要独立。每个人在认知、构思、咨询、判断、总结时都是独立的，尽量不受其他人的影响。第三，要讲究分权。大家做这些决定时互不干涉，各做各的决定。最后，用一个很好的方法把大家的决定结集起来。只要满足这四个要素，群众就可以说是很聪明的。群众的决定不一定是最正确的决定，但是相对而言，它比少数精英、领导、专家所做的决定更不容易出错。

这本书里还特别提到什么叫和谐。索罗维基说和谐是很好的事情，但是，有时候若我们盲目追求和谐的话，就会出现危险，就会让所有人都变得一模一样，也就是盲从。当大众都没有独立思考的能力，没有独立的信息来源时，他们做的决定才真正可怕。用一句中国古话来说就是，我们要"和而不同"。

（主讲　梁文道）

詹姆斯·索罗维基（James Surowiecki，1967—　），美国新闻工作者。耶鲁大学哲学博士，当过编辑和《纽约客》杂志特约撰稿人，文章散见于《纽约时报》《华尔街日报》及《连线》杂志等。

◉ 替裙带关系说好话

——《赞美裙带关系：从大卫王到小布什的家族企业史》

　　亚当·贝娄想告诉我们，裙带关系并非都是不好的。

　　平常我们讲到裙带关系时，都是嗤之以鼻，或者是谴责它、咒骂它、批评它。因为裙带关系可能会带来一些非常负面的影响，比如影响到公平竞争、社会公平正义等。但是，《赞美裙带关系：从大卫王到小布什的家族企业史》（ *In Praise of Nepotism: A History of Family Enterprise from King David to George W. Bush* ）这本书的作者亚当·贝娄对裙带关系以及资本主义社会、世界历史都研究得比较透彻，他从一个非常特别的角度来研究了裙带关系对世界、社会、家庭和个人所产生的影响。

为什么要赞美裙带关系呢？亚当·贝娄从历史、政治、文化、企业等方面来看裙带关系，发现它也给社会和历史的发展带来了很多积极、正面的影响。比如他讲到中国过去是皇朝统治，认为这种世袭制度其实就是一种裙带关系。世袭制度到底能给社会带来多少好处呢？至少它对整个社会的稳定或者对权力的巩固及延续，都起着非常重要的作用。英国的王室制度其实也是裙带关系的一种产物，给国家带来了稳定性、延续性，或者说是团结性。有些国家的团结跟王室的存在有着非常密切的关系。

　　亚当·贝娄对美国的政治也有非常深刻的研究。他从裙带关系入手研究当代的美国政治，指出美国的几位总统都是政治家族出身，其实美国的政治就是一种家族政治。生物有一个本能就是传宗接代，而人类不止在生理上传宗接代，在政治上也是如此。中国有句俗话说"将门出虎子"，其实在美国政坛也有这种现象。为什么一个家庭出了一位总统之后，将来还会有其他成员参选总统，甚至很有可能当选呢？因为家庭的一些熏陶或者训练会对个人的成长产生很大影响。比如小布什总统，有人认为他的智商并不是很高，政治能力也不是很强，但他从小就在政治家族里耳濡目染，虽然年轻时候的他可能是一个玩世不恭的人，但他毕竟在政治圈子里摸爬滚打多年，自然而然会朝政治家甚至是国家领导人的方向靠拢。美国政治有时候也会引起很多诟病，比如小布什上台后委任的很多内阁重要成员，都是跟布什家族很熟的人。这是政治层面的裙带关系。

在企业层面，尤其是华人世界里，这种例子非常多。从管理方式来看，家族企业好像不太符合现代管理模式，但是从企业的发展、传承等角度来看，裙带关系却是非常重要的。为了家族的事业，你才有动力不顾一切地去打拼。但是，如果你把企业看成别人的东西，不见得会有为它奉献终生的精神。用裙带关系的方式来经营和传承企业，有可能使之更好地发展。当然，家族企业也可能会因为经营不善，出现倒闭或者是逐渐衰落的情况。不过，如果在家族企业里加上一些现代管理的元素，使其能够按照市场规律来经营的话，其发展壮大的空间有可能会比其他企业更大。

以上是亚当·贝娄的观点，可能有很多人不是很认同，我也如此。不过，很多事实让我们看到，裙带关系确实存在于社会很多层面，尽管现代人很讨厌这种东西，但它仍然不断出现。不管是在政治上，还是在企业中，裙带关系都有成功的范例。当然，裙带关系也有很多负面的影响。不过，这方面我们过去已经谈论很多了，亚当·贝娄想告诉我们，裙带关系并非都是不好的。

（主讲　杜平）

亚当·贝娄（Adam Bellow），美国出版人，1976年诺贝尔文学奖得主索尔·贝娄（Saul Bellow）之子。1980年毕业于普林斯顿大学，相继到芝加哥大学、哥伦比亚大学、纽约大学深造，后进入出版界当编辑。曾在自由出版社、哈珀·柯林斯出版集团等机构任职，现任圣马丁出版社编辑总监、自由岛传媒CEO。

◉ 礼尚往来是人类社会的通则

——《礼物——古式社会中交换的形式与理由》

　　送礼，甚至是很恶劣的贪污腐败，并不是中国社会独有的现象，而是人类社会一种共通的原则。

　　大家有没有想过，送红包其实是一个很复杂的人际交往的过程。按照广东人的规矩，结过婚的人就该给人发红包了，所以你可以把这件事看成是一个还债的过程。你在未成年的时候收过很多红包，现在你长大结婚了，就轮到你给别人发红包了，小时候你赚了多少，长大后你就得付出多少。按照香港或广东的规矩，你结婚请人喝喜酒时，客人来了也要给你一个红包，这是一个利市、一个人情。一般来说，这些红包的总额会超过你摆这桌酒席所花的钱，所以很多人说摆酒席是会赚钱的。但是你别高兴，因为你赚了钱之后，还是得付出去。到了过年的时候，你见到这些亲戚朋友的孩子时，就得给他们发红包了。换句话说，这也是一个还报的过程。我送礼给你，你送礼给我，这种还与报到底要到什么时候呢？

为了理解这个独特的现象，马塞尔·莫斯写了一部经典之作——《礼物——古式社会中交换的形式与理由》。莫斯是法国的一位社会学大师，也是一位人类学大师。说起莫斯，他是生活在 19 世纪末 20 世纪初的人了。他的来头可不小，是涂尔干①的外甥，也是他的接班人。涂尔干是谁呢？如果大家对社会科学稍有了解的话，应该知道社会学有三个奠基人，其中一个是大家很熟悉的马克思，另外一个是同为德国人的韦伯②，还有一个就是法国的社会学大师涂尔干。涂尔干创办的《社会学年鉴》是当时法国社会科学界最重要的一本学术刊物，在他离世之后就是由

① 爱弥尔·涂尔干（Émile Durkheim，又译埃米尔·杜尔凯姆，1858—1917），法国社会学家。毕业于巴黎高等师范学校，在波尔多大学教书期间创建了法国第一个教育学和社会学系，并于1898 年创办了《社会学年鉴》，1902 年后执教于巴黎大学。著有《社会分工论》《自杀论》《宗教生活的基本形式》等作品。

② 马克斯·韦伯（Max Weber，1864—1920），德国社会学家、哲学家、法学家和政治经济学家，古典社会学理论和公共行政学最重要的创始人之一，被后世称为组织理论之父。著有《新教伦理与资本主义精神》《中国的宗教：儒教与道教》等作品。

莫斯接办的。

莫斯不只是个社会学家，很多人认为他也是人类学领域的一代宗师，主要是因为他写了《礼物》这本书。这本书很奇怪，你说它是社会学吧，它的确是社会学，但它又很像人类学。莫斯考察了世界上不同语言、文化、部族的人的一些生活习惯，但他考察的方法并不是亲身到那些地方去做田野调查。大家都知道当人类学家是很辛苦的，比如你若想调查云南、贵州或者广西少数民族的生活如何，就得像费孝通①他们那样住在部落里，跟那里的人混熟了，说不定还得在那儿待上几年，这叫田野调查。但莫斯不这么干，他是个语言学上的天才，通过查找各种各样的文献来研究各种社会或部落里共通的现象。最后他发现了一个类似于发红包的现象，把这个现象称为馈赠。

书中有一个法文词"prestation"，意思相当于中文所讲的"报"。"报"是什么呢？比如你送了什么礼给人家，如果人家不回礼，你会说这个人不懂事，太不近人情了。或

---

① 费孝通（1910—2005），江苏吴江人，中国社会学和人类学的奠基人之一。先后从燕京大学、清华大学的社会学系获得学士和硕士学位，后公费留学英国，1938年获得伦敦政治经济学院博士学位。根据博士论文出版的《江村经济》一书，被誉为"人类学实地调查和理论工作发展中的一个里程碑"，成为国际人类学界的经典之作。另著有《乡土中国》《中国士绅》等作品。

者别人送礼给你，而你不回礼的话，你就会觉得自己丢了面子。我们对公务员做廉洁教育的时候，常常强调你千万不能收一些不应该收的礼物，比如有人要托你办件事，总会给你送礼或送钱，你可千万不能要。但是，我们很少考虑这样的问题：我能不能要了之后什么事都不干呢？好像不大可能。为什么你收了礼之后，就要还回去一些东西呢？这就是《礼物》这本书探讨的一个主要问题。通过这本书我们知道，送礼，甚至是很恶劣的贪污腐败，并不是中国社会独有的现象，而是人类社会一种共通的原则。

莫斯发现，讲人情、讲面子的不只是中国人，比如罗马人、印度人，甚至大西洋和太平洋的那些原始部落也都很讲究，从送礼这个环节中就能显现出来。比如新西兰的毛利人，就存在着一种礼物的循环圈现象。比如我送一条贝壳项链给你，之后你务必得回礼。毛利人把礼物称为"通家"（taonga），其中有一种很重要的很抽象的东西，类似于一种精神上的力量，叫作"豪"（hau），有点像中国人所讲的"情"。比如我送你房子或车子，重点不在这个礼物本身，而是里面含有情，这个情不是属于你的，你必须得还回来。毛利人也有类似于中国人的这种概念，就是我收到一个礼物，这个礼物虽然是我的，但它里面那个"豪"不是我的，我必须还回去。

还有一种很有名的现象是"库拉"（kula）贸易，美拉尼西亚人各个部落的首领率船队出行，跨越西太平洋各个群岛进行贸易往来。但是，库拉其实并不是一种贸易，而是送礼。整个部落把自己最值钱、最奢华的东西送到别人那儿去，还要非常谦逊地说，我这点东西太微薄了，劳烦您收下吧。收礼的那个部族的酋长会说，千万不行，这东西我怎么能要呢？一开始怎么都不肯要，最后还是得收下，不收就是不给人家面子嘛。收了之后怎么办呢？下一年就得率领船队跑到送礼的那个部族去。通过这样一种"库拉"交易，整个西太平洋的岛屿之间的关系就建立起来了。

　　著名探险家库克船长[①]发现这些西太平洋群岛上的人把一船船的礼物送来送去，认为这是一种原始的以物易物的交易方式。过去我们学经济学或者人类史的时候，总说原始人先是以物易物，后来才发明了货币，慢慢地才又出现了信用贷款。举个例子来说，我今天拿了货，钱先不给你了，日后再给你钱，或者我先付了定金，日后再拿货，

---

① 库克船长（Captain James Cook，1728—1779），英国航海家、探险家、制图师。早年在商船队工作，1755 年加入英国皇家海军，后三度奉命率领考察队前往太平洋，成为首批登陆澳洲东岸和夏威夷群岛的欧洲人。1779 年 2 月 14 日，在与夏威夷岛岛民的冲突中被杀。

这样一种信用交易的模式是后来才有的。但是，莫斯认为这个历程是相反的。他认为早在以物易物之前，人类就有送礼的习惯，而彼此送礼不只是为了互通有无和实际的利益，还是为了建立一种人际关系，让彼此之间没有战争。为了让大家能够和睦相处，就要送礼物，而送礼物是要有还报的，这样双方的关系就巩固起来了，这也等于是一种信用。比如我今天发红包给你的孩子，你的孩子将来成人结婚了，也要发红包给我的孩子或者我的孙子，虽然是延迟了几十年才还报，这难道不能理解为是一种信用贷款吗？所以说，信用贷款是早于以物易物的。

《礼物》这本书了不起的地方在于，莫斯认为礼物的交易是人类后来所有经济交易和社会关系的一个基础。同时我们还要注意，我们在这个社会上地位的高低，也能从送礼上看出来。比如过年时大伙儿都去找老板讨红包，为什么老板有义务发红包给员工呢？因为老板是公司里地位最高的人，就像是原始部落的酋长一样，所以有义务馈赠礼物给他人。那么，接受礼物的人怎么办呢？他也得想办法回报一些义务。

为了竞争社会地位，北美地区曾流行过一种很有趣的行为，叫作"夸富宴"（potlatch）。有些印第安人趁着过年过节的时候，把一帮亲朋好友叫来，用上好的材料做一顿好吃的，此外，还要送礼。这一顿饭吃下来，要花掉不少钱，送礼能送到让这个请客的人倾家荡产的地步。收到礼物的人光收不送可不行，下次也得这么搞一回，把全部家当都花掉。所以到了最后，大家都很穷。在美国人看来，这简直太不像话了，真是太浪费了。过去美国、加拿大政府明令禁止印第安人再搞这种宴会，但现在他们又恢复了，觉得这是一种传统习俗，还要乐此不疲地搞下去。

"夸富宴"中一个更好玩儿的地方是，收礼的人和送礼的人有时候还在吃着饭喝着酒，当场就把这些礼物毁坏了，什么金银财宝全部丢到海里去，这算什么好东西，全不要了！这是为了显阔气，谁越阔气地送礼，谁越阔气地把收下来的礼物当场毁灭，然后谁用更多的财富去搞这种"夸富宴"，谁的地位就越高。一个人的社会地位就是建立在此基础之上的。这让我想起尼采一个很有名的说法：基督教的道德是一种奴隶道德。比如说，我为什么要施舍钱给一个穷人呢？是因为我觉得他很可怜，我同情他，我想拉近我们之间的距离，所以我把钱分给了他，这样我们拥有的财富和地位不是就比较接近了吗？但是，尼采鼓吹的是一种主人道德，就像以前的罗马人一样。罗马人的道德是，我为什么要赈济穷人呢？是为了要显出我们之间的差距，因为我有本事，才能把钱分给你。

莫斯在书中指出，像"夸富宴"或者今天所说的慈善、赈济行为，都来源于这种送礼的习惯。越是有地位、有钱的人，就越要慷慨大度地把钱捐出去，这样才能得到神灵的庇佑，才能在社会上得到大家的认可。所谓社会地位，到最后是要被大家认可的。

（主讲　梁文道）

　　马塞尔·莫斯（Marcel Mauss，1872—1950），法国社会学家、人类学家，曾任法兰西公学院社会学教授。是社会学奠基人之一的涂尔干的外甥，也是涂尔干的学术继承人。曾在涂尔干创办的《社会学年鉴》担任编辑，在涂尔干去世后接任主编。著有《论祈祷》和《原始分类》（与涂尔干合著）等作品。

◉ 中国人的关系学

——《礼物、关系学与国家：中国人际关系与主体性建构》

　　搞关系学的人想要摆脱国家控制，就要减少对国家物质资源和社会资源的依赖。

　　很多老外到中国的土地上，或者要跟中国人打交道的时候，首先要弄懂一个很关键的词——关系。在很多老外的心目中，关系是中国人最神秘的地方。尽管中国人都知道关系是什么意思，但这并不代表大家都精通，所以才会有很多人出书告诉大家怎样搞好关系，并把理论发展为一门学问。以前这门学问是致用之学，还上升不到学术研究的层次。最早从学术角度来研究中国人常常讲的关系、人情这种网络，恐怕是从费孝通先生开始的，到了现在则蔚然成风，很多的学者都加入这个研究之中。

《礼物、关系学与国家：中国人际关系与主体性建构》这本书听起来很有学术味儿，也的确如此。作者叫杨美惠，是一个出生在台湾、入了美国籍的人类学家，现在是加州大学圣塔芭芭拉分校宗教学系、东亚语言与文化系教授。杨美惠在书的一开始就说，她1981年到北京大学上学，那时候在中国做田野调查是特别困难的。我们知道人类学家做研究时需要搞田野调查，比如到一个地方去住，还要融入当地人的社群，把自己弄得像当地人一样。身为一个在台湾出生的美籍华人，杨美惠来到中国大陆以后，还有一个先天的优势，就是肤色、言语跟大陆人都一样，但她在融入的过程中还得小心地学京味儿的普通话，尽量掩饰自己的外来身份。如果让别人知道她是从美国来的，而且还有台湾背景，人家哪肯相信她呢？请注意，那是20世纪80年代初的中国。

　　杨美惠描述说，那时候在中国大陆做田野研究，她总有点做贼心虚，要混进一个工厂调查是非常困难的。她在这本书里提出了一个在人类学上很有趣的论点，这个论点现在大部分人类学家也是同意的。那就是她发现需要采取一个策略，来让她在北京的调查工作可以顺利地展开。那就是，她从来不向她访问的其他人透露自己还见过什么人，她尽量跟每一个联络人之间保持单线的联系。这是一种低频度的单线联系，能让这些人放心地跟她讲她想知道的事情。

杨美惠想知道什么呢？就是在"文革"结束后，中国人是怎么理解关系的。作为一个美籍人类学家，她在做这样的研究时，遇到的第一个困难就是当时中国社会还比较封闭，害怕外人，尤其是像她这种背景的人，所以她得改变田野调查的方式，把田野从固定的空间和社群转变为一连串的人际关系网络。第二个困难是，她觉得自己像个骗子或者间谍。她作为半个本地人，跟本地人分享了他们生活中的经验，但因为她不是本地人，所以不能在这个社会里应对自如。这些都是她当时要面对的问题。

难以打进某个圈子的经历使杨美惠了解到，研究关系艺术的最好方法就是接受这种形式本身，将其作为田野调查方法。也就是说，她不再想着自己能够打进某个社区，成为其中的一分子，或者进入某家工厂打工，成为打工妹中的一员，从而近距离观察身边的同事，而是把研究过程中累积下来的这个关系网当成田野。这个关系网不是传统意义上的田野，因为它的空间、边界是不固定的，有可能是一长串的。比如你认识这个人，这个人又认识某个人，你这样去跟他们混的话，说不定能从北京混到广东，能从的士司机结识到清洁工人，一直到政府官员。

杨美惠认为，这么一个田野的概念才比较符合现实。她在书中写道："田野的概念仅仅是一个理想的架构。以网络方法所开展的田野工作不单单限于工厂，也不单单限于北京城，甚至也不单单限于中国。中国的熟人和朋友的关系网告诉了我发生在北京的关系学和中国人的事，但在我旅行的过程中，在我访问的不同地方，它到处都存在，在美国工作和学习的中国大陆人中也同样存在。尽管这种田野调查缺乏古典民族志特有的地理上归属感和有边界的社区的感觉，但我的方法本身使我理解了现代中国社会生活的一个重要侧面。"

杨美惠特别强调了一个字眼叫关系学。当时她常常在大陆听到这个字眼，但今天我们已经不怎么能听得到了。很多人觉得中国人喜欢讲关系是自古以来就有的传统，后来还发展出了很多别的东西，比如潜规则。大家都觉得这是个历史悠久的传统，甚至是个陋习，应该去抵制它，或者改变它。但是，杨美惠根据她所做的调查发现，其实在"文革"刚结束的时候，很多中国人还搞不清什么叫关系。比如有人跑到医院大声喊道："听说来这儿看病走后门比较快，请问后门在哪里？"结果弄得大家一堂讪笑。很多人向杨美惠指出，"文革"期间讲关系是比较少的，"文革"

后才越来越多，甚至把它上升为一门学问。

杨美惠就抓住这一点，从一个很特别的角度来看中国人是如何讲关系的。她首先指出，我们过去对关系的很多讨论都太过于文化本质主义了。所谓文化本质主义，就是把今天中国人所具有的某些行事方法、规则和认识世界的态度，都看成是中国独一无二的东西，而且还把它们看成是超越历史的，从夏、商、周三代一直到今天都是如此，亘古不变。持有这种观点的人其实犯了两个很大的错误。第一个错误是，没有把中国社会运行的一些规则和中国人的世界观拿去跟别的地方比较，看看是否别的地方也跟中国差不多。第二个错误是，忽略了社会生活的事实和人们的观念是会随历史变化的，硬生生地把三代的东西跟今天的东西扯在一起，难道要假装两三千年都没有变过，期间什么事情都没发生过吗？

作为一个人类学家，杨美惠当然要突破这两个误区，并对什么叫作关系有了一个很特别的定义。她这本书要研究的就是关系学，最后得出了一个跟平常大部分人的认识完全不同的结论。如果你喜欢人类学的话，会在这本书里读到很多有趣的观点。作者用了很多后现代的理论来谈论这个研究的方法和结论，一般读者可能会觉得很沉闷、无趣，甚至很深奥。但是没关系，因为她假设这本书的读者是不懂什么叫作关系的外国读者，书中有些判断在中国人看来也会觉得相当有趣。例如，中国人常常说一个人"油"，外国人就很难掌握这是什么意思。杨美惠说："'油'和老实之间的歧义是一个有意味的社会现实。"一个人太"油"，会被认为是一个很精明的人，甚至会让人觉得他有点坏。而老实人表面上看来诚实，会容易让人觉得他柔顺、服从，是权力的驯服工具，或者说他太笨了。说一个人"油"，好像是在说他在关系网里如鱼得水；而说一个人老实，好像是在说他是个会吃亏的傻蛋。到底这种名词何时是褒义、何时是贬义，该如何来掌握呢？这也要当成一种关系学来研究。

杨美惠注意到，其实讲关系不只是中国的特产，东欧和苏联这些社会主义国家也有。有学者在研究20世纪七八十年代的匈牙利时发现了一个"第二社会"，它根据非国家规律自行运作，但其言语和活动并未有意识地形成一个"自己的"市民社会。不止如此，当时很多东欧国家还有所谓的"第二经济"，作为缺少的市场机制的局部代用品，避免了计划经济的僵硬、拖延、效率低下、失去平衡和不连贯。在这些国家的计划经济中，有很多人用其他方式在进行利益交换，比如用一种像中国人所讲的关系网络去交换各种好处，这种利益交换其实就是人类学家常常讲到的礼物经济。礼物经济在很多民族和社会里都能见到，比如我送点礼给你，你也送点礼给我，我帮你儿子安排上学，你也帮我女儿安排工作……这种交换当然能得到实际的好处，而且交换本身有时候比交换得来的好处还重要。交换本身的重要性是不遑多让的，它塑造着彼此的认同感和关系网，有时比从中得到的实际利益还重要。

　　杨美惠提出的一个最具挑战性的观点是，中国人以前也搞关系，但是于今尤烈，这恰恰是中国现代化的产物。她采用了哈佛大学教授傅高义[①]的说法，傅高义认为在共产主义革命之后，这些国家都出现了一种现象，就是同志普遍伦理代替了朋友和亲属的个人伦理，它要求对社会上所有人一视同仁，人人为我，我为人人。每个人都是同志关系，这个关系要胜过与亲戚、老乡等其他人的关系，裙带关系和利用个人关系帮朋友办事被否定了，因为与一个人之间的特殊关系被认为会妨害对其他人应尽的义务。同

---

① 傅高义（Ezra Feivel Vogel，1930—2020），美国社会学家，哈佛大学荣休教授。1958 年获得哈佛大学社会学博士学位，1961 年开始学习中文和历史，后成为中国问题专家，也精通日本事务。1964 年开始在哈佛大学任教，曾任费正清东亚研究中心主任，有着"中国先生"的称号。著有《共产主义下的广州：一个省会的规划与政治（1949—1968）》《领先一步：改革开放的广东》《邓小平时代》等作品。

时，友谊所要求的信任和相互坦诚会使他们有意无意地泄露个人隐私。当这种公平的、一视同仁的同志伦理在社会上主宰一切的时候，会造成某种社会纽带的缺陷，比如我们很难把爸爸不当爸爸，只当他是同志，也很难把同学不当同学，只当他是同志。在这个时候，一种人的本能需要就会出现，也就是用私人关系来补充公共伦理和支援朋友的个人伦理的缺失。在这样的背景下，关系其实就是对共产主义伦理的一种反动。

杨美惠说："我们可以解释'文革'时期关系学的出现和再现，是为了抵抗政治力量所带来的社会秩序的压力。搞关系学的人想要摆脱国家控制，就要减少对国家物质资源和社会资源的依赖。"在以前的社会里，你的一切都是单位给你的，你的生老病死都在单位里解决。也就是说，你整个人的生命是要靠组织的，你完全依赖由上而下的国家组织的权力。但是，你现在通过个人关系能够绕开它了，能够回避国家权力对你的压制，甚至能够产生一种轻微的抵抗。通过这种抵抗，我们发现有地位的人有时候也会因为没有关系而办不成事。比如有个年轻的北大女校工告诉杨美惠，北大校长虽然是个有名有权的人物，但他在某地没有熟人，所以没办法让他的儿子得到当地某厂的工作，因为该厂管人事的人没义务帮他办这件事。就这样，整个国家的组织秩序在个人关系网络面前变得脆弱起来了。这真是令人耳目一新的对关系的新解释。

（主讲　梁文道）

杨美惠，出生于台北，美籍华裔人类学家。1986年获得美国加州大学伯克利分校人类学博士学位，曾任澳大利亚悉尼大学亚洲研究中心主任，现任加州大学圣塔芭芭拉分校宗教学系、东亚语言与文化系教授。长期致力于中国研究的理论化，从20世纪80年代开始多次到中国从事调查研究，以对中国社会的关系学研究著称。

消费社会

一本1970年出版的书直到今天还让大家觉得很重要的理由就在于，它在研究现代社会时提出了一个很重要的观念上的转变。马克思认为，社会一个很重要的基础是生产，但是，鲍德里亚和一批被认为是后现代主义者的社会学家认为，这个年代最重要的已经不是生产而是消费，消费才是现代社会最重要的东西，整个社会生活和个人几乎都是由消费来定义的。

那么，人是怎样由消费来定义的呢？首先我们要搞清楚人为什么要消费。传统的常识告诉我们，我们要消费，是因为我们有需要。比如我肚子饿了，我看到有个地方在卖面，我就坐下来买碗面吃。可是，什么叫作"需要"呢？传统的社会学家、经济学家很少研究"需要"，觉得这是个不可置疑的概念。但是，鲍德里亚怀疑"需要"这个东西，认为所谓"需要"是被建构出来的。其实有些东西人们并不需要。比如你若需要一个袋子来装东西的话，你拿个塑料袋就行，为什么要花几万块钱去买个名牌手提包呢？显然这个需要

◉ 我消费，所以我存在

——《消费社会》

　　鲍德里亚和一批被认为是后现代主义者的社会学家认为，这个年代最重要的已经不是生产而是消费，消费才是现代社会最重要的东西，整个社会生活和个人几乎都是由消费来定义的。

　　大家都听过后现代主义，但是对于什么叫作后现代主义可谓众说纷纭，每个人都有不同的理解，建筑、艺术、学术领域对此也有不同的说法。不过，有一点可以肯定的是，作为一种学术思潮，后现代主义早就终结并被宣告死亡了。其中一个理由是，当初被认为是后现代主义大师的那一批人几乎都不在人世了。2007 年 3 月，法国一个号称"后现代巫师"的人也去世了。此人叫 Jean Baudrillard，有人译作让·鲍德里亚，有人译作让·波德里亚，有人译作布希亚，什么译法都有。大家都从他去世后大谈后现代主义就要终结了。

关于后现代主义，有意思的地方是，大家都觉得法国有一大批思想家是后现代思想家，但他们当中几乎没有一个承认自己是后现代主义者，甚至都很厌恶后现代主义。在法国 1968 年后灿若群星的那一代思想大师里面，像德里达①、德勒兹②、福柯③、利奥塔④这些人都是享有盛誉的大人物，很多人都说他们是后现代主义者，但他们当中就连提出"后现代状况"这个著名概念的利奥塔对此都加以否认。大师级人物鲍德里亚也被认为是后现代主义者，而

---

① 雅克·德里达（Jacques Derrida，1930—2004），法国哲学家，解构主义的代表人物。著有《声音与现象》《书写与差异》等数十部作品。

② 吉尔·德勒兹（Gilles Deleuze，1925—1995），法国哲学家，20世纪 60 年代以来法国复兴尼采运动中的关键人物。著有《差异与重复》以及两卷本的《资本主义与精神分裂》（合著）等作品。

③ 米歇尔·福柯（Michel Foucault，1926—1984），20 世纪极富挑战性和反叛性的法国思想家。著有《疯癫与文明》《规训与惩罚》等作品。

④ 让-弗朗索瓦·利奥塔（Jean-François Lyotard，1924—1998），法国哲学家。1979 年出版的《后现代状况:关于知识的报告》一书，在 20 世纪 80 年代初引起西方哲学界关于后现代主义问题的深入论争，至今仍被认为是研究这一课题的经典著作。

且大家都觉得他是没办法否认的，但他也断然否认。

我的重点并不是要介绍后现代主义，而是要通过鲍德里亚的著作去了解所谓后现代社会有什么特质。鲍德里亚是一位比较复杂的思想家，他的书并不好读懂。《消费社会》是他早期的著作，出版于1970年，还不算是他后现代时期的作品，但是从中我们已经能看到他朝后现代思潮转变的轨迹了。相对来说，这本书写得比较有系统性，一般读者比较容易看懂，但是其中有些东西也很难说得非常清楚。

一本1970年出版的书直到今天还让大家觉得很重要的理由就在于，它在研究现代社会时提出了一个很重要的观念上的转变。马克思认为，社会一个很重要的基础是生产，但是，鲍德里亚和一批被认为是后现代主义者的社会学家认为，这个年代最重要的已经不是生产而是消费，消费才是现代社会最重要的东西，整个社会生活和个人几乎都是由消费来定义的。

那么，人是怎样由消费来定义的呢？首先我们要搞清楚人为什么要消费。传统的常识告诉我们，我们要消费，是因为我们有需要。比如我肚子饿了，我看到有个地方在卖面，我就坐下来买碗面吃。可是，什么叫作"需要"呢？传统的社会学家、经济学家很少研究"需要"，觉得这是个无可置疑的概念。但是，鲍德里亚怀疑"需要"这个东西，认为所谓"需要"是被建构出来的，其实有些东西人们并不需要。比如你若需要一个袋子来装东西的话，你拿个塑料袋就行，为什么要花几万块钱去买个名牌手提包呢？显然这个需要就是被建构出来的。而且你会发现，你若需要一个物品，往往是因为另外一个物品，你是为了物品而需要物品的。比如大家喜欢用 iPod 这种数字音乐播放器来听音乐，很多厂家就专门为它生产了一种皮套。那个套是跟 iPod 连在一起的，你没有 iPod 的话，就不需要那个套。我们现在买的很多东西，就是因为我们有了一个东西，然后才又买了另一个东西。

这些消费究竟怎样定义了我们的为人呢？这本书里有一段话已经成为经典，今天在很多读社会学的人看来已经是常识，但是请注意，那是 20 世纪 70 年代的时候说的。鲍德里亚举了两个广告的例子，其中一个是奔驰的广告，说奔驰车能够满足任何女人追求个性的欲望，而另一个是染发剂的广告，二者的档次相差得很远，但是后者的广告词也说女人要找到自己的个性，只要用了这个牌子的染发剂之后，就能够获得真正成为自己的乐趣了。现在很多广告语都是类似的话，但这些话听起来让人觉得很奇怪。这些广告叫你要好好做你自己，那你怎样才能成为你自己呢？你就要买这个买那个。鲍德里亚反驳说，如果我是自己，我怎么能够通过消费去比以往更像我自己呢？难道昨天的我就不完全是我自己吗？我可以把我培养成我的二次方吗？我可以申明自己像企业活动中的某种增值一样是我自己的附加价值吗？

我们现在总是相信一些广告语，说要成为自己，要突出自己，要跟别人不一样。鲍德里亚认为这是一种虚假的差异，因为这种差异是可以通过消费显示出来的。你怎样证明自己跟别人不一样呢？你只有通过买跟别人不一样的东西来表现，好像那些东西就会让你变成自己了，似乎你原来是不存在的，你是一个空洞的东西，没有性格。而古代人的差异是比较真实的，比如有血缘、宗族、乡土的差异，而这些差异是没办法通过消费获取的，你没办法买一个省籍回来，没办法买一个姓氏回来，以显得你跟别人不同。但是，今天你可以通过消费突显自己跟别人的差异，而这种差异是虚妄的，因为这是被买来的，你随时可以放弃它。而且，你说自己要跟别人不同，那么之前的那个你是谁呢？我们就这样在消费的洪流中完全忘记自己是谁了。

前些年有一个热门话题是，很多内地游客到香港购物后发现被人骗了。有一些免税店卖的手表、珠宝什么的，都是些大家从没听过的牌子，却卖得很贵，售价几万，但实际上只值几百块钱。虽然这些是假名牌，但那些真名牌的实际价值又是多少呢？它们的实际价值是怎样来的呢？比如一只名表卖几十万，它贵在什么地方呢？同样款式的T恤，你在街上随便买一个乱七八糟的牌子，可能就几十块钱，可是你买一件名牌却要上千块钱，它们的区别在什么地方呢？

按照经典的马克思学说，可以把一个商品的价值分成两部分来看，一个是交换价值，比如它的售价是多少，另一个是使用价值。但是，鲍德里亚指出这种区分是虚假的。他认为，在这个后现代时期的社会，资本主义发展到现在这个阶段，一切商品的价值都只是交换价值，所谓使用价值其实是从交换价值产生出来的。比如你买了一个名牌包，那个包和一个很普通的包都有一样的功用，也不见得特别耐用，但它为什么贵很多呢？那是因为你在使用它的时候，你感觉它很值，感觉它很特别。这种特别的感觉从何而来呢？是从无处不在的广告和社会上对各种品牌的区分而来的。

你买了一块几万块钱的手表，然后发现它原来只值几百块钱，你会觉得被人唬了。鲍德里亚想告诉我们的是，就算你买到的是一件真正的名牌，它真正的价值可能也只是售价的几十分之一。有一种更激进的说法是，一件商品没有本来的价值可言，本来的价值是不存在的。鲍德里亚认为，我们现在买各种商品，其主要目的已不再是使用这些商品，不再是为了这些商品本身，而是为了一种符号的象征价值。我们消费的是一种符号，它能让我们感到完满，觉得自己能够跟别人区分开来，甚至让我们觉得自己的生命是有意义的。

消费社会和以前以生产为主的社会最大的区别在于，以前的人认为，我生命的价值来自我的工作，因为我生产了一些东西、创作了一些东西，这让我觉得自己的生命是有意义的。但是，今天的人觉得工作是无意义的，真正能让自己的人生完满的，其实是消费。我买了什么，我就是什么。我消费，所以我存在。我消费很多东西，是因为我觉得这会让我感到幸福。

经典的马克思主义意识形态就会批判说，人现在很惨，完全被物化了，丧失了本性，人本来的价值也消失了。鲍德里亚为什么被人说是后现代主义者呢？因为他在研究的过程中，其实并没有过于批判现在这个消费社会，而是让我们看到了人的一个本质，那就是人没有本质，人是虚无的。既然人的本质本来就不存在，怎么能说人被物化了、人的本质消失了呢？

这本书里讲了一个小故事，我觉得特别有意思。太平洋美拉尼西亚群岛的土著人曾经被白人在天上飞行的飞机搅得心醉神迷，就想着怎样也能拥有一架飞机。于是他们想出来用树枝和藤条建造了一架模拟飞机，精心划出一块夜间被照亮的地面，然后耐心地等待。他们相信弄出这么一个假机场之后，就会有真的飞机降临在这里。鲍德里亚想说明的是，我们今天消费这么多东西，是因为我们觉得这样会让我们很幸福。我们就像那些看起来很愚蠢的土著人一样，虚构了一个机场，布置好了就坐在里面等，认为幸福很快就会降临了。我们看到广告上买那些商品的人都活得很幸福，那个用洗衣机的主妇很快乐，那个戴名牌手表的男人很成功……于是我们觉得，如果把这些东西买回来的话，幸福就会来临了。

（主讲　梁文道）

 让·鲍德里亚（Jean Baudrillard, 1929—2007），法国社会学家、哲学家。社会学博士，曾执教于巴黎第十大学和巴黎第九大学，晚年专心从事写作和摄影。著有《物体系》《象征交换与死亡》《符号政治经济学批判》等数十部作品。

● 衣服是身体和心灵的装饰品

—— 《时髦的身体：时尚、衣着和现代社会理论》

> 衣服是我们的身体与这个世界交会的一个中介点，它是一种工具，是我们与世界沟通的途径。

服装对我们到底意味着什么？假如你是一个中产阶级，在办公室上班时，你可能要穿西装打领带，回到家就要换成睡衣，或者穿着让你觉得舒服的衣服。这个转换意味着什么呢？你上班时会穿一套跟在家时不一样的衣服，这表明衣服是一种要考虑到情境的装饰品。你到了某个地方之后，就应该穿一件合乎那里规矩的衣服，否则你会觉得浑身不自在。

我们为什么觉得在家穿睡衣舒服呢？不只是因为睡衣本身让我们很舒服，还因为睡衣让我们有一种在家的感觉。

但是，如果我们穿衣服纯粹是为了舒服的话，为什么大家不把睡衣穿上街或者穿到办公室，而要穿一套硬邦邦的衣服呢？这说明衣服是我们的身体与这个世界交会的一个中介点，它是一种工具，是我们与世界沟通的途径。与此同时，衣服又是和我们关系最密切的一样东西，贴在我们身上，给我们一种特别的感觉。

衣服处在我们的身体与社会之间，修饰着我们的行为。以前的女人戴耳环是为什么？是为了不让自己哈哈大笑，否则耳环会撞来撞去，叮叮当当地响，又难看又难听。衣服会约束我们，我们像训练身体的一部分一样学会穿衣服，每个人从小就要学怎样穿裤子、怎样系鞋带。我们小时候身体上所受的大部分训练，有很多都跟衣着有关，这是《时髦的身体：时尚、衣着和现代社会理论》的一个主旨。

这本书的作者是一位名叫乔安妮·恩特维斯特尔的英国社会学家。她在这本书里试图把关于时尚的各种说法综合起来。以前有些人不把衣服看成是人身体上的东西，而是把它当成艺术室里的艺术品，比如专门研究唐朝的人穿什么衣服，后来的人又穿什么衣服，这么一路追溯下来，只关注风格的演变，而忽略了衣服不是主角、穿衣服的人才是主角这个问题。另一方面，有人过度贬斥时装，觉得时装很无聊，只是消费品。这本书试图在两者之间找到一个着墨处，一方面从社会学的角度来看服装在社会中发挥什么作用，另一方面也研究一下人们想通过衣服表达什么。

18世纪的欧洲贵族阶级，无论男女，都喜欢穿精心制作的服装，化很浓的妆，戴浮夸的假发，但这种时尚的目的并不是为了表现人的个性。精心制作的华丽服装的作用，恰恰是要将穿衣者的身体和身份固定在某个位置上，就像剧院里的戏服那样。也就是说，华丽的传统服装跟今天的时装不一样，它是为了表示一个人在社会里的某种身份。一个乞丐绝对不能穿那种衣服，不只是有没有钱的问题，还有法律规定什么阶层的人才能穿什么样的衣服。

现在跟以前不一样了，穿衣服不是为了表达自己所处的社会阶层，不是说你是个矿工，你就要穿得像个矿工。相反，今天穿衣服是希望表达出如广告所说的真正的自我，这是今天的时装与传统服装的区别。时装还有一个更大的特点是，在进入现代工业化体制之后，它永远在求新。时装是为新而新的，不像唐朝的服装放到宋朝自然格格不入。现在是为了求新而求新，上一季的衣服很多人就觉得不能再穿了。

时尚有一个很矛盾的核心问题，这本书指出了来："时尚与服装成了保护个人生存的一道必要的'屏障'。人们可以用时尚为自己获得一种令人印象深刻的'个体的'身份特征，但与此同时它也能凸显出一致性，因为时尚本来就是对某种清一色的东西的强化。"穿时尚的衣服是为了表达个性，每个广告都这样说。但问题是，你若真的按照他们说的那样穿，你会发现街上很多人穿的都跟自己一样。有时候，你穿衣服好像是为了表达自我，但你又说是为了不想跟别人相差太远。比如你穿一件古装到街上，人家会以为你是一个古装片里的临时演员，那多没意思。

那么，到底你穿衣服是为了跟别人一样，还是为了表达自我呢？这本书里写道："在当代文化中，身体已经成为身份的基础。我们越来越把身体看作我们的表现身份的容器以及个人的思想情感的表达。我们可以用衣着来表达我们'独一无二'的自我感觉和与众不同之处，尽管作为特定阶层与文化的成员，我们同样也喜欢发现将我们和他人联系起来的衣着风格。"这种亦同亦异的游戏是时尚文献中经常性的主题，两者之间的紧张关系尤其在现代被夸大了，因为我们的身份再也不像以前那么稳定了。

城市人的生活状态是，一大群人都是匿名的，彼此都是陌生人，怎么才能让别人认识你，或者知道你是谁呢？就是通过你对自己身体的装饰来表达自己。但问题是，这种表达永远都带有欺骗性。也正是因为掌握了这种欺骗性，各种时尚品牌才能达到它们所要的效果。为什么那么多人明明薪水不高，偏偏要花很多钱去买名牌手提包呢？这不就是一种伪装吗？这不就像一个贫家女孩要装贵妇吗？但是，这种伪装在现代社会里是很重要的。我们穿衣服其实不是为了表达"我是谁"，而是要表达"我想让你觉得我是谁"。这是一种欺骗的手段。

（主讲　梁文道）

　　乔安妮·恩特维斯特尔（Joanne Entwistle），英国社会学家，现执教于伦敦大学国王学院。主要研究时尚文化，出版有《时尚的审美经济：服装和模特的市场及价值》（*The Aesthetic Economy of Fashion: Markets and Value in Clothing and Modelling*）等书。

● 可预测的非理性

——《怪诞行为学》

> 因为人的行为总是有一定的模式，所以那些不理
> 性的行为也是有模式可循的，这些都是可预测的。

平时我们说起非理性，觉得好像很多都是意外，就像
黑天鹅事件一样难以预测。虽然，有一些非理性其实只是
不符合我们传统的理性观念，但是它们是可预测的。因为
人的行为总是有一定的模式，那些不理性的行为也是有模
式可循的，这些都是可预测的。

《怪诞行为学》这本书谈的就是一些可预测的非理性行
为。作者丹·艾瑞里 18 岁那年遭遇了一件不幸的事情，全
身 70% 的皮肤被照明弹的镁焰烧成三度灼伤，他在医院里
躺了整整三年。他非常痛苦，因为老是要换绷带，而他身上

几乎没有完整的皮肤，每次换绷带就像扒层皮一样，消毒药水也让他痛得要命。不过，他在那段时间里开始观察一些医务人员的日常行为，比如护士是怎样帮他换绷带的。平时在伤口上贴一块胶带以后，你是喜欢慢慢地撕下来，还是很快地撕呢？很快撕的话，你会很痛，但是只要一下就行了。如果是慢慢撕，你会觉得是在延长这个折磨。但是，丹·艾瑞里的经验告诉我们，慢慢撕的痛楚其实是比较微弱的。

丹·艾瑞里就从这里开始慢慢踏入了一个崭新的领域，也就是这些年非常流行的行为经济学。行为经济学跨心理学与经济学，是用试验而不是数学模型和推理去研究人类经济生活中的各种行为，试图总结出一些经验和规律。丹·艾瑞里发现了传统经济学与行为经济学之间的一种摩擦："传统经济学认为人们都是理性的——这一假定的含义是，我们能对日常生活中面临的所有选择的价值进行计算和权衡，择其最优者而行之。一旦我们犯了错误，做了非理性的事情，又会怎样呢？这里，传统经济学也有答案：'市场的力量'会迅速把我们拉回正确理性的道路上去。"可是，他在这本书里要证明给我们看的是，人类的理性程度远远低于传统经济学理论的假设。

行为经济学很注重实验，这本书里就有大量很好玩儿的试验。例如，丹·艾瑞里在麻省理工学院摆过一个地摊卖巧克力，上面还挂了个牌子写着"每人限购一块"。桌上摆着两种巧克力供大家选择，一种是很普通的巧克力叫"好时之吻"，另一种叫"瑞士莲"，进货价比好时之吻贵很多，所以平时在零售时也会贵很多。实验人员是怎样给这两种巧克力定价呢？瑞士莲每块卖十五美分，好时之吻每块卖一美分。你猜经过这里的人会选择买哪一种呢？结果大部分人买的是瑞士莲，因为现在太划算了，他们知道这种巧克力平时一块可能要卖到一美元，而好时之吻在美国随处可得，现在就算卖一分钱也不会让人觉得有什么稀罕。

实验团队接下来做了一个很重大的决定，把两种巧克力都降价一美分。也就是说，瑞士莲从十五美分降为十四美分，而好时之吻原来是一美分，一降价就变成免费的了。你猜这时候人们又会选择哪一种呢？绝大部分人要了他们平常最瞧不上的好时之吻。明明二者降的价钱一样，也就是条件是相同的，为什么会出现逆转呢？这时候如果有一个传统经济学理论阵营的经济学家经过这个摊位，可能会一边把弄着手杖，一边说既然所有相对条件都没变，顾客应该会根据同样的偏好继续选择瑞士莲才对。但是，事实并非如此，因为人并不总是理性的。人总是对"免费"这个词过度执迷，太把"免费"当回事了，因此在日常生活中常常会犯一些错误。比如你在网上买东西时，买一件需要运费，当商家告诉你多买一件就把运费免了，你就会为此而多花钱，而这些钱远远多于那个运费。为什么会这样呢？因为我们贪图免费的好处。"免费"有一种非常神奇的效果，它会抵消掉很多理性的行为。

我在香港看别人买东西时注意到一个很奇怪的现象。很多名牌商店都有一种廉价货仓，里面卖的还是这个品牌的衣物，只不过可能是仓底的存货，或者是上一季的东西，现在用一种特别低的折扣来卖。有一些人不愿意去这种地方买衣服，觉得这些东西过时了。这一点很容易理解，他们要赶时髦嘛。可是有一点很奇怪，有时候廉价货仓里卖的衣服是标准款式的，比如说白衬衫，并没有过时与不过时之分，是每一季都会重复推出的，但很多人仍然不愿意去买这些跟大商场里正价卖的一模一样的衣服。因为我们有一种根深蒂固的想法，觉得若一种商品减价很厉害的话，大概不是好东西。与此相反，一种商品如果卖得比别的贵，我们会本能地觉得它的质量比较好。

在20世纪50年代的时候，如果你感到胸口疼痛的话，有一种手术会把你全身麻醉了，然后医生会在你胸骨处切开胸腔，把胸廓内动脉结扎起来，让心包膈动脉的压力增大，心肌血流增强，这样你就会觉得胸口没那么疼了。一直以来，大家都相信这个手术有效，直到后来有位医生做了一个非常大胆的实验：他把病人分成两组，都说给他们做了这个手术，但其实有一组只是把胸部肌肉划开两道，然后缝合，并没有做胸廓内动脉结扎手术。结果发现，两组病人都说自己好多了，但长期而言又都没效，因为过一阵子胸口又疼了。也就是说，不管你有没有给病人做这个手术，你只要告诉他做了，他短期内就会觉得舒服。很明显这是一种心理暗示。这种心理暗示有时候还会体现在价格层面上，比如你给一些病人两个牌子的止痛药，一种每粒卖二十五美元，另一种每粒卖一美元，但其实两种药是一模一样的，结果每个人吃下去以后，都觉得贵的药效果比较好。

我觉得这本书最有趣的地方还不是这些消费行为，而是关于人们偷东西的心理。过去香港有一种雷曼迷你债券，其实在很大程度上是一种欺诈，骗一帮退休的老人说这是一种非常保险的债券，但其实这个东西完全不保险。哄老人买这种债券的人，从某种意义上说是犯了欺诈罪，甚至可以说是在偷别人的钱。但是，我绝对不相信在银行卖这种产品的人在街上看到一个老太太时，会把她的钱包打开，然后偷走钱，更不会用棍子去敲晕她抢钱。他们为什么不直接去偷别人的钱，却选择用一种几近欺诈的方式去拿人家的钱呢？为什么他们愿意这样去骗人呢？

丹·艾瑞里在麻省理工学院的学生宿舍楼里做过一个

小实验。宿舍楼里的公共区域有一些公用的冰箱，他就在每台冰箱里放六瓶可乐，还在一个盘子里放了六美元纸币，但没有贴标签说是谁的，结果过了几天，可乐被学生们偷偷摸摸地拿光了，而纸币却没有人动过。拿走六瓶可乐的人其实相当于偷了六美元，但他们为什么不偷走纸币呢？道理很简单，就是我们对现金有一种特别的看法，以至于我们不大愿意直接去偷现金，而是更愿意去做间接的诈骗。

这本书里还提到一个同样很有趣的实验。实验人员告诉参加实验的学生说，在五分钟内做二十道数学题，每答对一题就可以得到五十美分。要求是，第一组参与者做完试题以后，由实验人员计算答对的题数；第二组则可以撕掉答卷，自己告诉实验人员答对了几道题，就可以得到相应的钱数；第三组最特别，跟第二组一样也是自己报数，但不是直接得到现金，而是要走到房间的另一头，用获得的代币去换回现金。实验结果是：第一组学生最诚实，因为没有作弊的条件；第二组就比较不诚实了；而第三组最不诚实，因为他们觉得自己不是直接在骗现金，骗的只是代币。为什么会发生信用卡诈骗？为什么在金融海啸发生前那么多的诈骗会发生？因为大家都觉得自己不是在直接偷钱。

（主讲　梁文道）

丹·艾瑞里（Dan Ariely，1967— ），美国行为经济学家。出生于纽约，3 岁时随家人回到母国以色列，24 岁时毕业于特拉维夫大学。后赴美深造，获得美国北卡罗来纳大学教堂山分校认知心理学硕士和博士学位，以及杜克大学工商管理博士学位。曾执教于麻省理工学院，现在杜克大学任教。著有《怪诞行为学 2：非理性的积极力量》《不诚实的诚实真相》等作品。

◉ 拆穿奢侈品的光环

——《奢侈的》

今天，要伪装奢华是很容易的，给品牌添加一些历史细节，再加上一点珍贵的装饰，就成了奢华。

其实，我们大概都知道奢侈品是怎么回事。虽然现在的中国人非常热爱奢侈品，乃至于中国成为全球奢侈品市场较大的板块之一，要是没有中国市场支撑的话，过去几年奢侈品业的日子会很难过。可是，我们也晓得奢侈品的售价与成本之间有一个很大的差距，它们嘴上声称的那套华美的故事，其实与真相应该是有着较远的距离的。虽然我们可能模糊地意识到了这点，但仍然会迷迷糊糊地被那些广告带着走，以至于我们今天一有钱就想办法从头到脚把自己用奢侈品包装起来，没钱的时候就买冒牌货，或者很努力地攒钱，好买印着某个商标的钥匙扣、笔等。

黛娜·托马斯常年在《新闻周刊》《纽约时报》《华盛顿邮报》《金融时报》等报刊上撰写各种关于时尚与奢侈品的故事，可以说是一个行内人。《奢侈的》这本书出版后，被很多人议论纷纷，因为它大爆奢侈品业的内幕。坦白地讲，这本书爆出来的很多东西，那些常看新闻的人都已经知道了，只不过现在作者以"第一声"的方式写出来了。

这本书里谈到的很多品牌的故事让人觉得很可笑，有时候甚至会让人觉得作者带有一些偏见。比如意大利米兰著名的品牌普拉达（Prada），在黛娜·托马斯的笔下，它的掌门人缪西娅·普拉达①是一个非常矛盾甚至是虚伪的人。一般大家的印象里，缪西娅·普拉达是一个最讨厌时尚的人，她常常出来说她很讨厌撞见一些女孩子在街上背着普拉达的包，她会觉得很难受，因为她觉得那些包是骗人的时尚产品。她说："今天，要伪装奢华是很容易的，给品牌添加一些历史细节，再加上一点珍贵的装饰，就成了

———————

① 缪西娅·普拉达（Miuccia Prada，1949— ），普拉达品牌创始人马里奥·普拉达（Mario Prada）的孙女，现与丈夫帕特里齐奥·贝尔泰利（Patrizio Bertelli）任普拉达集团联合首席执行官。拥有米兰大学政治学博士学位，曾加入意大利共产党，并参加女权运动，1978 年接手家族企业，与丈夫一起将这家当时已奄奄一息的皮具店打造成全球知名的时尚集团。

奢华。我忍受不了这个……真正懂得奢华的人痛恨身份地位，也不会只因穿上昂贵的衣服就看上去很富有。当你看一个人时，你能看到他散发出来的精神、魅力和创造力吗？你只看到一颗大钻石，那代表什么？不过代表心满意足罢了。我觉得这太可怕了——对品位的判断完全基于对方金钱的多少。拥有奢侈品让你看起来更好，这全是幻觉。真的！那不能带给你什么，那太陈腐了。"所以大家对她的疑问是，既然你这么讨厌这个产业，你为什么还要拼命地做这些事呢？

黛娜·托马斯同样也有这个疑问，她认为缪西娅·普拉达很虚伪。在普拉达正式上市前几年，她曾问缪西娅·普拉达，你们公司是不是曾经三次想过要上市？但缪西娅·普拉达并不承认，说只试图上市过一次。黛娜·托马斯觉得这个回答太假了，因为她已经从其他渠道掌握了确切的资料。其实，我们以前在新闻上也看过普拉达好几次试图上市，后来为什么又放弃了，直到2011年才在香港上市呢？因为对这种奢侈品集团来说，一旦上市，你就要对股东负责，就要公开财务报表，很多东西就会曝光，包括产品的成本是多少或者你用什么样的手段来节省成本，这些曝光之后，品牌的价值就一目了然了。

但是，为什么有一些奢侈品大集团能够那么成功，上市后完全不受影响，甚至越做越好呢？例如法国奢侈品集团 LVMH。其实原因很简单，因为 LVMH 会在财务报表里把数字搬来搬去混淆真相，当它旗下的路易·威登（Louis Vuitton）每年创下营业额纪录时，另外两个品牌——纪梵希（Givenchy）和高田贤三（KENZO）差强人意的结果就能被掩盖过去了。

这还不是最主要的问题。黛娜·托马斯说，过去三十年来，奢侈品业有个非常大的变化，那就是一门心思追逐利润。在过去的时代，奢侈品牌只是私人拥有的企业，大家虽然也在意利润，但公司的首要目标是要尽可能地制造出最完美的产品。自从企业大亨接管奢侈品牌后，这样的目标就被一种"奢华崇拜"所取代。今天，人们像搜集棒球卡一样搜集名牌产品，像对待艺术品一样把它们展示出来，像符号一样炫耀它们，也不在乎这些东西到底好不好。人们就愿者上钩了，有些日本女孩做援助交际，只为赚钱购得路易·威登、香奈儿、爱马仕的手袋。

奢侈品业中最有代表性的产品就是香水。根据黛娜·托马斯的采访报道，每一个奢侈品牌几乎都会推出香水，因为香水最好赚钱。今天的香水已经跟 20 世纪初期的香水不一样了，那时候香水真的是"Perfume"，今天的香水已经被稀释过了，所用的材料并不是像生产商所宣称的那样是天然产品。黛娜·托马斯访问过很多专家和制造商，他们都说现在大部分香水都是用化学材料合成的，因为奢侈品牌要求原材料的成本价格要降到十年前的一半。有一些行内人就说，这样不可能达到任何品质上提高的效果。他们要求不用花朵就制作出茉莉的味道，当然，化工业中有这种加工工艺，可以制造出比三十年前好得多的人工茉莉花香，但是那比用最差的真花做出的香水品质还低劣。

这本书还指出，许多名牌商不断对别人说他们所有的皮包都是在欧洲生产的，但其实他们已经悄悄地把许多生产线转移到了中国或毛里求斯，或者其整个生产环节实际上已分散在全世界，最后才在欧洲组装出来成品，然后再贴上"Made in the EU"的标签。事实上，不同市场的品牌标准是不同的，比如你在日本买到的可能还真是欧洲生产的商品，因为日本对生产地标签的要求比较严格，而欧洲的要求则比较宽松，所以大家去巴黎排队买回来的名牌货说不定就是东莞生产出来的，只不过这些品牌对外一概拒绝承认而已。

不过，黛娜·托马斯对有些品牌还是情有独钟的，比如她认为爱马仕还算是真正的奢侈品。于是我觉得她展示出一种矛盾的态度：一方面要拆穿奢侈品的光环，另一方面又在怀念奢侈品的黄金年代。20世纪初叶，当奢侈品真的是只有少数贵族和极有钱的人才负担得起的时候，那是一种内行人才懂的东西，她怀念的是那样一个时代。可以说，她并不攻击奢侈消费本身，她攻击的是奢侈品大众化之后赚大钱的这样一个时代。她认为大众对奢侈品的崇拜是不必要的，奢侈品只要留给少数人就够了。

（主讲　梁文道）

黛娜·托马斯（Dana Thomas，1964—　），美国时尚与文化记者、编辑。毕业于美利坚大学，1988 年开始从事新闻工作，现任《纽约时报》旗下的《T》杂志特约编辑。文章散见于《纽约客》《华尔街日报》《金融时报》《时尚芭莎》等报刊，著有《众神与国王：亚历山大·麦昆和约翰·加利亚诺的兴衰》(*Gods and Kings: The Rise and Fall of Alexander McQueen and John Galliano*) 等作品。

● 拒绝品牌

——《NO LOGO：颠覆品牌全球统治》

> 原来自己买一种东西也是个伦理问题，自己用什么产品也涉及道德选择的问题，我可以杯葛[①]它，不买它。

每当遇到大型的国际会议，比如 G7 峰会、世界贸易组织部长级会议、国际货币基金组织与世界银行年会、世界经济论坛年会等，你都会看到一帮示威人士的踪影。他们去那儿干什么呢？各种原因、口号都有，主要是要求这些富国和国际组织承担起更多的社会责任和世界责任，比如正视艾滋病、贫困以及社会公正等问题。

---

① 杯葛是指联合抵制某个人或公司，包括拒绝购买、销售或其他形式的与之合作。

今天我们对这帮人已经司空见惯了，回想1999年世界贸易组织第三届部长会议在美国西雅图召开的时候，突然有一大伙人涌了出来，占据了整个城市，真的把全世界的人吓了一跳，没想到会有这么多人出来反对。这帮人到底是谁？他们从哪儿来？他们想干什么呢？很多人对此充满了疑问。正在这个时候，有一本书适时出现了，帮大家解答了很多疑问。大家恍然大悟：原来他们是为了这个（反全球化问题）上街的。

这本书就是《NO LOGO：颠覆品牌全球统治》，书名中"NO LOGO"的意思是"拒绝品牌"。作者娜奥米·克莱恩很了不起，生于1970年，跟我同龄，但她已名满全球了。她二十多岁时就写成了这本书，出版后影响力非常大。从那时起，她就一直是反全球化人士里的一位最重要的知识分子，也是一位极为重要的写手和倡导者。

反全球化人士针对的不只是富国，还针对跨国财团和跨国企业。大家都知道耐克是处于世界领先地位的一个体育用品品牌，而耐克公司当年就是最被这些人所针对的制造商之一。耐克大概是历史上第一个"product-free brand"（无产品品牌），没有自己的生产线，没有自己的工厂，在全世界到处找人代工，然后买回产品贴上自己的商标。这种生产模式对全世界的影响非常大，很多国际品牌都是这么干的。现在中国不是号称"世界工厂"嘛，很多在中国制造的东西贴上一个外国商标，一下子就能卖很高的价钱。

在中国生产的东西成本其实很低，想想看我们那些苦命的工人薪水那么低，为什么他们做出来的东西能卖得那么贵呢？其主要原因是，钱都花到宣传和维护品牌上了。现在不都说嘛，每一家企业，每一种产品，其制胜之道在于搞好品牌形象。要搞好品牌形象，就要搞好广告，搞好公关。于是耐克品牌一直在推广一个理念，说自己卖的不是球鞋，而是一种生活方式。不过现在哪个品牌不是这么说的呢？

那么，问题出在哪儿呢？这些为国际品牌生产产品的加工厂，那里的工人情况似乎很糟糕。娜奥米·克莱恩特意跑到菲律宾去看这种加工厂。菲律宾政府为了吸引国际厂商，特别拨出一块地作为出口加工区，说这个地方免税，让大家来这里建工厂。结果这个地方被人们弄得像殖民地一样，里面有二百多家工厂在生产世界各地的品牌产品，而一出厂房到了街上，满地都是垃圾，一片脏乱，仿佛政府不存在似的。没有税收，政府哪有钱去搞公共建设呢？里面的工人日子也很苦，像当奴隶一样，有一家工厂竟然下令不准大家微笑！工人居然连笑的权利都没有了。

这些国际厂商不用交税，对工人又那么苛刻，为什么当地政府还要想办法吸引他们来呢？主要是因为相信经济学上所谓涓滴理论（a trickle-down theory），认为国际资本来了，他们是赚到了钱，但这个钱迟早会通过工人的薪水慢慢地往下滴，最后惠及全国。这的确有点道理，看看今天的中国，跟几十年前已经很不一样了。但问题是，后来物价上涨了，很多工人还是买不起东西，生活还是不见得会很好。就算他们有进步了，这个社会还是不公平，最赚钱的那些人还是赚那么多钱，社会并没有变得更公平。

那怎么办呢？于是我们看到有一批人起来反抗了。有一些像娜奥米·克莱恩这样的人开始觉得，这个世界是有问题的。他们当中大部分是年轻人，有的是大学生，有的甚至是中学生，他们开始思考自己每天用的这些东西是怎么来的，它们背后是不是就是那些无助的工人和被破坏的环境。他们开始觉得，原来自己买一种东西也是个伦理问题，自己用什么产品也涉及道德选择的问题，我可以杯葛它、不买它。于是他们开展了各种运动去抗议，然后又拉了一些媒体下水。媒体一开始是很为难的，因为他们要靠广告才经营得下去嘛。如果开一档节目，天天在骂一些国际品牌和跨国企业，那这个节目肯定会被撤了。不过，还是有一些媒体拍到某些国际品牌的加工厂雇用了童工，奴役了工人，最后迫使他们不得不让步。包括耐克公司在内，现在这种情况已经改变了很多。改变世界就是要靠这样的运动，要靠一拨又一拨普通人自己去付出。

（主讲　梁文道）

娜奥米·克莱恩（Naomi Klein，1970— ），加拿大作家、社会活动家。曾就读于多伦多大学，后辍学从事新闻工作。以对企业全球化和资本主义的批评而闻名于世，著有《休克主义：灾难资本主义的兴起》《这改变了一切：资本主义与气候》等作品。

英语帝国

《英语帝国》（English as a Global Language）是著名的语言学家大卫·克里斯托的作品。他在书中提到，全球语言通常被形容为"第二语言"，因为它被视作母语的辅助语言，即使它没有被官方认可。在很多国家里，我们只要看看大家优先学哪一种外语，就很容易看出英语在世界上的影响和地位。为什么英语能有今天这样的国际地位呢？大部分语言学家都会告诉我们，千万不要相信文化论的那种鬼话，不要再说是因为英语的词汇很丰富、英语本身很优美，或者说英国文化很了不起，其实与这些完全无关。拉丁文过去能成为世界语言靠的是什么？是罗马帝国的刀和枪。英语之所以能够成为世界语言，同样靠的是使用这种语言的人背后的实力。

我们先来看一组数据：16世纪末的时候，全世界以英语为母语者只有500万至700万人，而且几乎全都住在大不列颠群岛。而从伊丽莎白一世末期到现在伊丽莎白二世统治的时代，这个数字增长了五十倍，达到2.5亿以上，而且绝大部分都

⦿ 拉丁文是一种身份的象征符号

——《拉丁文帝国》

> 拉丁文总给人这种感觉，它是一种阶级语言，懂
> 拉丁文似乎就意味着你的出身与众不同，你的学问与
> 众不同，你就能够跟别人区分开来。

有时候一些作家在形容某个人的贵族血统有多么高贵、或者某个人在西方受过多么完整的教育时，就特别强调这个人会用拉丁文写诗。拉丁文总给人这种感觉，它是一种阶级语言，懂拉丁文似乎就意味着你的出身与众不同，你的学问与众不同，你就能够跟别人区分开来。为什么拉丁文会有这种象征意义呢？

在英语帝国出现以前，真正能够称得上是世界语言的其实很有限，其中有一种语言主要在欧洲流行，那就是拉丁文。拉丁文之所以能够成为世界语言，一开始是因为罗马帝国的影响力，而在罗马帝国瓦解后，当时统治整个欧洲的罗马教廷传承了拉丁文的霸权。后来问题来了：到了16世纪的时候，罗马帝国早就灭亡了，罗马教廷也备受挑战，它对各个民族国家的统治力量也急剧下降，但为什么拉丁文仍然可以苟延残喘到20世纪，被很多人尤其是知识分子，甚至是政府官员、教会人士，认为是一种很美好的语言呢？在欧洲，很多学校到了20世纪中期才正式废除在中小学必修拉丁文的规定。

这到底是怎么回事呢？《拉丁文帝国》谈的就是这种有趣的现象。作者弗朗索瓦·瓦克是法国一位非常有名的学者，他在书中讲述了拉丁文虽然是一种死语言、但却死而不僵的过程。书中提到，拉丁文在现代已经很少有人学了，但在1995年法国将它重新纳入五年级及之后的课程后，其受欢迎的程度居然远超过预期，初中和高中的领导层原以为仅有20%的五年级学生会选修它，结果人数竟然达到了三分之一。为什么今天的年轻人还有兴趣去学拉丁文呢？

一直以来，拉丁文在欧洲都是一种教会语言，也就是天主教教会的官方语言。严格来讲，若要研修基督教教义或者《圣经》的话，本来应该学的是希伯来文或者古希腊文。但问题是，当时的教会因为罗马帝国的原因而把拉丁文作为官方语言，以至于很多人习惯了之后认为，拉丁文虽然不是耶稣当年说的语言，但它也一样具有非常神圣的地位。16世纪宗教改革运动的时候，马丁·路德等人主张用普通老百姓的语言来传教，各国可以使用自己的方言来传教，这就对拉丁文的地位构成了威胁。于是，罗马教廷举行天特会议，所争论的焦点，一是《圣经》是否应该被翻译成本地语言，二是天主教徒的弥撒圣礼是否应该继续使用拉丁文。

不只是当年，直到20世纪中期以前，天主教一直有个荒谬、诡异的现象：在教堂里举行弥撒时，其实底下的信众都听不懂神父说的拉丁文，他们只知道必要的时候该做个什么动作、该应和几句话，却完全不知道自己在说什么。这样的礼仪在宗教改革人士看来是非常无聊的。但是，当时那些死硬派却说："《圣经》不是给每个人研读的。唯有献身于它、蒙受主呼召的人才能研读，恶人、无知的人读了只会变得更糟。《圣经》不是用来讲述的故事，而是要我们尊敬、敬畏和崇拜的历史。那些自以为把《圣经》译成通俗语言就可使人民大众轻易读懂的人，真是愚蠢可笑啊！"

关于拉丁文能不能继续成为教会的官方语言，这个争论也跟中国有点关系。像利玛窦这些人来到中国传教之后，按照罗马教廷的规矩，如果吸收了新的教徒，甚至吸收了中国人当神父的话，也要教他们拉丁文。有些耶稣会神父就写信给罗马教廷，希望能免除中国神父或者修士一定要学拉丁文的规定，因为中国人无法正确发音。拉丁文里面有很多很特别的音，中国人是发不出来的。那些中国神父在面向教徒的祝圣仪式上所说的话，在这些懂拉丁文的意大利神父听起来，竟是"呼吸、年长者、主人、功能、规则、美、休息、各人、道路、逃避、事情、思考、牧场"，这到底在说什么呀？所以他们为中国神职人员据理力争，但是罗马教廷不同意，因为它非常保守。

当时有人说："我们相信一个古老而神秘的语言，一个历经几个世纪都不再改变的语言，很适合用来敬拜高深莫测、永不改变的永生神。既然罪恶感迫使我们向万王之王发出哀声，那我们就以人间最优美的方言，以昔日万国屈膝恳求古罗马皇帝时所用的语言对他说话，岂非理所当然？"拉丁文的神秘莫测也变成了一个优点。

当时拉丁文真的是太普遍了，就连马丁·路德这么反对罗马天主教的人，虽然平时跟别人讨论问题时用的是德语，但是说着说着就改成拉丁语了。因为德文似乎缺乏一些拉丁文所具有的优势，那就是拉丁文的确保存了某些知识，这也是拉丁文能够流传那么久的原因之一。当时欧洲知识界的共同语言就是拉丁文。牛顿在剑桥大学教书时，用的就是拉丁语而不是英语，他的藏书也是拉丁文书为多，而他也是用拉丁文在藏书上做眉批。这表明牛顿的拉丁文其实好过英文。还有笛卡尔，虽然他的著作《方法论》是用法文写的，但其实他觉得用拉丁文书写时比用法文更流畅、自然，或者说也更合己意。

这本书里还提到了一些很有趣的事情，比如说在近代，医生一定要学拉丁文。如果一个医生不懂拉丁文，会让很多病人觉得他没有学问。如果医生开处方时是用拉丁文写药名的话，病人就会觉得有符咒一般的效果，以至于很多江湖骗子也要想办法学点拉丁文，推出一些骗人的药，诸如 Elixir magnum stomachum（大胃糖浆）、Pilulae in omnes morbos（万灵丹）、Gremelli pulmonates（救肺散）、Aurum potabile（黄金饮）、Elixir vitae（生命糖浆）。这些名字如果用英语来表述，那多粗俗啊，于是他们全用拉丁文来表述。

在 16 世纪的时候，西班牙的一些天主教修士在南美洲教一些印第安孩子学拉丁文。训练出来后，这些印第安孩子居然会说和西塞罗一样优美简洁的拉丁语，让大家惊叹不已。但问题是，这种做法很快就遭到别人的反对，说这些人本来就该当奴隶的，现在他们学了拉丁文，就开始反叛了，不甘于只当奴隶了。

当时对于女性来说，学拉丁文也是一个很重要的门槛。

有一门学问，直到今天我们还能看得到拉丁文对其的影响，那就是植物学。你有没有注意到，很多植物的学名是一长串的拉丁文？就连今天我们发现一个新物种，为它命名的时候还是要用拉丁文。以前有很多女性是业余植物学家，对植物学很有兴趣，但却因为她们一般没有受过完整的高级中学的文法教育，不懂拉丁文，就被拒于学术门外。

在 17、18 世纪的英国，虽然有人认为绅士不懂拉丁文也可以很有教养，但是，有更多的人认为会拉丁文是绅士必不可少的素质。这种想法至今依然存在。一些世界知名的大学，在毕业典礼上总会找一个人出来写一篇或者朗诵一篇拉丁文献词，虽然在场的学生几乎没人懂那是什么意思。另外，很多名牌大学的校训也是用拉丁文来表述的。由此可见，拉丁文有一种特殊的阶级地位。但问题是，过去几百年来，拉丁文实际上早就变成一种死语言了。当没有新的字词去表述新发明、新事物时，那些学拉丁文的人到底学到了什么？他们是不是真的学得很好呢？这是一个很大的问题。

当年大部分人学拉丁文时都觉得非常痛苦，年轻人对中学最痛苦的记忆就是学习拉丁文那些复杂的文法。英国前首相丘吉尔 7 岁开始学习拉丁文时，第一堂课就要学习词尾的变化，比如"mensa"这个词为主格时表示"一张桌子"，为呼格时表示"桌子啊"，光是这个格那个格就有很多变化。丘吉尔说："这东西究竟是什么意思？意义何在？在我看来，这纯粹是冗长单调的叙述。不过，有件事我总能做到：我可以把它背起来。于是，我就在自己所能承受的愁苦极限内，开始默记老师给我的这份状似藏头诗的作业。"然后他就问老师了，说自己实在不懂，能不能告诉他为什么"mensa"既指"一张桌子"，又指"桌子啊"。老师说："当你对着一张桌子讲话、祈求一张桌子保佑时，就会用到'桌子啊'这个词。"丘吉尔说："可是我从来没做过这种事，我干吗要跟桌子说话呀？"老师说："你要这么不礼貌，当心我处罚你，我可警告你，是重重地惩罚你。"可见学习拉丁文是多么令人反感。

不过，学习拉丁文有一个好处是，当时它是欧洲通用的语言，各国的外交官、政治人物、教会人士以及学者见面时，若不会对方的语言就讲拉丁语。我们在电视剧里看到那个年代的英国国王、法国国王坐下来聊天时，不是说英语就是法语，这是不符合事实的，因为当时那个圈子流行的是讲拉丁语。

那么欧洲各国人说的拉丁语有没有口音呢？他们能让对方明白自己在说什么吗？1837年，有个人以剑桥大学"游学生"的身份去匈牙利和希腊旅行。在匈牙利的时候，他发现自己常常置身于大家都在讲拉丁语的环境中，但却因为奇怪的发音，要听懂别人的话并理解简直难如登天。到了希腊，有一天晚上他和十位来自九个国家的学者共处时，只能选择大家多少都懂一点的拉丁语作为共同语言。然后他发现，从各种不同的发音方式看来，这种交流完全失败了，其中英国的拉丁语发音最奇怪，和其他国家的完全不同，让人完全听不懂。英国人讲拉丁语之难听在当时是有名的。每个国家的人都有类似的抱怨，都觉得自己说的拉丁语对方听不懂，自己的拉丁文很差劲，或者觉得别人的拉丁文也不行。

16世纪以后，用拉丁文写诗的人还有很多，但那全是中学生交的作业。当一个人中学毕业后成为作家时，他其实是不大用到拉丁文的。那么，拉丁文还留着干什么呢？它还有一个妙用。在18和19世纪的时候，有些学术著作和文学作品是用拉丁文写的，后来出版法文或英文的译本时，就把里面最淫秽的部分用拉丁文书写，这样就可以避过审查。因为大部分人都不懂拉丁文，把最淫秽的文字隐藏在拉丁文后面，就只有一些"有识之士"才看得懂，如果谁特别好色的话，就得买本字典去查。这样一种神圣的语言，就莫名其妙地变成了淫秽的象征。

（主讲　梁文道）

弗朗索瓦·瓦克（Françoise Waquet），法国文化史家。撰有多部欧洲文化史专著，如《王朝复辟时期或旧制度重现下的王室节庆》《法国模式与博学的意大利：文学界的自我意识与对他人的感知，1660—1750》等。

● 英语的全球霸权地位代表着使用者背后的实力

——《英语帝国》

　　拉丁文过去能成为世界语言靠的是什么？是罗马帝国的刀和枪。英语之所以能够成为世界语言，同样靠的是使用这种语言的人背后的实力。

　　大家有没有想过这个问题，中国海军在亚丁湾救出外国船只的时候，双方说的是什么语言呢？虽然今天已经有越来越多的人有兴趣学中文了，但我们没办法否认英语仍然是世界上最主要的国际通用语言，而且这种状况很可能还会持续很久。其实，全世界以英语为母语的人绝对不如以中文为母语的人多。但问题是，英语作为一种国际通用语言，并不需要别人把它当作母语，它需要的是有更多国家把它当作第一外语。也就是说，你的母语可以不是英语，但你优先要学的第一外语一定要是英语，这就奠定了英语作为全球语言的地位。所谓全球语言，不一定是世界上最多的人在使用它，但是，当各国的人要沟通时就必须使用它。

《英语帝国》(*English as a Global Language*)是著名的语言学家大卫·克里斯托的作品。他在书中提到，全球语言通常被形容为"第二语言"，因为它被视作母语的辅助语言，即使它没有被官方认可。在很多国家里，我们只要看看大家优先学哪一种外语，就很容易看出英语在世界上的影响和地位。为什么英语能有今天这样的国际地位呢？大部分语言学家都会告诉我们，千万不要相信文化论的那种鬼话，不要再说是因为英语的词汇很丰富，英语本身很优美，或者说英国文化很了不起，其实与这些完全无关。拉丁文过去能成为世界语言靠的是什么？是罗马帝国的刀和枪。英语之所以能够成为世界语言，同样靠的是使用这种语言的人背后的实力。

我们先来看一组数据：16世纪末的时候，全世界以英语为母语者只有500万至700万人，而且几乎全都住在大不列颠群岛；而从伊丽莎白一世末期到现在伊丽莎白二世统治的时代，这个数字增长了五十倍，达到2.5亿以上，而且绝大部分都居住在英国以外的地区。为什么会这样呢？当然是因为在过去短短三百年间，大英帝国还有后来的美国那庞大的实力。

我们再来看看世界地图是怎样被一些使用英语的人逐渐改造出来的。例如，北美洲的新大陆、加勒比海、澳洲、新西兰，还有南非、北非、西非等地区，当然还有印度和东南亚国家，过去全都是大英帝国的版图和势力范围。有趣的是，这些英国的殖民地独立之后，虽然有的人对英语很反感，觉得它是殖民者的语言，可是为什么仍然有很多国家把它定为本国的官方语言呢？理由很简单，因为这些国家本来就没有一种统一的国语或者官方语言，比如印度、巴基斯坦、孟加拉等国，它们国内的方言太多了，使用任何一种方言作为官方语言都会让人觉得是在打压其他族群、歧视别的语言，这时候英语反而显得很中立，是大家都可以用来沟通的语言，于是人们就把它定为本国的官方语言，或者至少是第二官方语言。还有更奇妙的事发生在南非。其实，南非以前的人不大说英语，而是说荷兰语，因为最早的殖民者是一群荷兰人。黑人为了对抗掌权的荷兰人而特意去学英语，并把英语当作一种解放的象征，而且他们觉得说英语能够跟世界各地的黑人兄弟们好好沟通，以实现国际化。

除了政治上的影响之外，还有很重要的一点，那就是英美在文化上和经济上产生过非常大的影响力。比如一说到工业革命，我们就想到所有的新发明都来自英国，英国人利用煤、水蒸气来驱动重型机器，制造出各种原料和设备，如果想学到这些新技术，人们就必须学英语。20世纪的时候，美国推动了计算机和互联网的出现，像今天我们上网时用到的"WWW"（World Wide Web）不就是英文吗？可以说，19世纪的英国和20世纪的美国，凭借着它们的科技实力，推动了一股让全世界向它们学习的热潮。据统计，1750年至1900年间，世界上超过半数具有影响力的科学技术发明都是用英文发表的。

除了这种文化上的影响力之外，经济的力量也不容忽视。比如在1914年的时候，英国和美国的海外投资额超过四五千亿英镑，是当年法国海外投资额的三倍多，是德国海外投资额的四倍多。这些投资绝大部分集中在金融业。金融业绝对是全球化浪潮中的一股顶尖力量。由于这些公司绝大部分都来自英美，很自然就使得英语成了这个行业的国际通用语言，然后又带动法律、会计等周边行业跟进。当英语一出现全球化的迹象之后，就会产生一种加乘效应，也就是越多的人把英语当作国际通用语言，这样就会有更多的人来学习英语，而英语也就更容易成为一种全球语言了。

（主讲 梁文道）

　　大卫·克里斯托（David Crystal，大陆译为戴维·克里斯特尔，1941—　），英国语言学家，班戈大学语言学名誉教授。1966年获得博士学位，曾执教于英国多所大学，退休后从事写作、编辑、顾问和广播讲座工作。著有《英语的故事》《语言与因特网》等作品。

◉ 日本国语是民族主义的产物

——《日本近代国语批判》

> 原来很多国家的现代国语，包括日语在内，都有一种神话的味道。任何民族国家的诞生，都会为自己塑造一个神话。

我以前看过一本书，谈到清朝有位台湾官员遇上海难，结果漂流到了越南，被当地人救起来后，越南朝廷发现他是位清朝的官员，就对他礼遇有加，天天有人跟他唱和、聊天，这位官员生活得很快乐。那么，一边是越南人，一边是在台湾当官的福建人，双方交流时用什么语言呢？答案很简单，双方绝大多数的沟通都是用书面文字来表达，而那当然就是汉语了。

如果说拉丁文过去是西方世界里的神圣语言，那么汉语过去就是东亚的神圣语言。拉丁文、汉语与阿拉伯语共同构成了"三足鼎立"的世界语言。在汉字文化圈里，我们今天还能看到很多痕迹，比如日语除了假名之外，还有很多汉字。听说现在学习汉语的日本人越来越多，很多政府官员都提倡要学汉语。这个消息真是让人有恍如隔世之感。曾几何时，日本是希望完全消灭日语中的汉字的。

《日本近代国语批判》谈的就是日本过去努力"消灭汉语"背后的历史背景和政治意义，作者是小森阳一。作为当今日本具有后现代倾向并且关注政治的新一代左翼知识分子，小森阳一从20世纪90年代以来，就运用后殖民理论对日本近代化尤其是民族主义和天皇制进行了一系列的反思和批判。成书于2000年的《日本近代国语批判》延续了他一贯的批判立场，从语言与权力的关系出发，分析了近代日语与现代日本的关系。这几年中国也有很多人尤其是知识分子注意到他，因为他对日本的民族主义有过很多探讨，对于中国来说也是很值得借鉴的。

小森阳一在这本书里谈到，日本自江户时代末期开始就一直有一种想法：希望找出一种纯正的"大和语"，而这种所谓真正的日本语是建立在声音本位上的。日本最古老的一本历史书叫《古事记》，日本的历史居然是用汉字写的，这像话吗？日本人在江户时期开始想找到民族尊严的时候，问题便来了。当时日语中虽然也有假名，但是汉字仍然很流行，他们该怎样看待这些汉字呢？日本人对汉字的使用很奇怪，有时候像中国人一样是用来表意的，有时候又是用来当表音文字的。当时有一位大学者叫本居宣长①，就开创了一种特别的训读古音韵的方法来读《古事记》，希望能读出这本书背后那没被汉字"污染"的最纯粹、最原始的日本语，希望能从"中华之言"中读出日本古代最纯正的"大和魂"。

小森阳一谈到，这个想法一直延续到了现在。他说："这也是我们如今在谈论日本近代起源之际，哪怕宁愿涉及'西洋世界'也要尽可能地抹消与'中国'即'清国'之间的联系。将'外部'的多元性、非单一性——抹杀，这其实与后面的事实在整体思路上是密切相关的，从所谓的'中华之言'中'训诂出''先代之实'的方法本身，实际上是在刻意隐瞒一些曾经是'汉国'的东西。"

到了明治维新之后，这个倾向就更严重了。当时日本和中国一样面临着语言文字改造的问题，中国近现代就出

---

① 本居宣长（1730—1801），日本复古国学的集大成者，江户时期的日本国学四大名人之一。早年学习医学、儒学，后长期钻研《古事记》《源氏物语》等日本古典作品，极力排除儒家和佛家的解释和影响，探求所谓的日本"古道"，即日本的民族文化和精神。

现过汉字拉丁化运动。近代日本国内有两派势力，一派叫作"国粹主义"，主张把日语中所有的汉字都抹杀掉，将其全部变成假名；另一派叫作"欧化主义"，主张干脆用罗马文字来取代原来的日文。为什么这些想法在当时会那么受欢迎呢？这跟清朝的衰落有关。日本人看到在越南战场展开的中法战争中，清朝正规军在与法国军队的角逐之际遭受败绩，曾经是清朝属地的越南变成了法国的殖民地。这个事件与日本国内废除汉字的言论是同时发生的。日本人觉得，曾经不可一世的大清帝国竟然输给普法战争的战败国法国，简直令人费解。于是在一夜之间，本来应该属于日文内部结构一部分的汉字，就变成了一个外来者，变成来自落后中国的一种侮辱性的文字。

近代日本的文字改革，除了希望把汉字完全"驱逐"出日语之外，还想尽快树立一种国语。我们知道，现代民族国家的建立离不开标准语或者国语的确立。我们中国也经历过这个阶段，就是把北方的官话界定为普通话，民国时期称之为国语。日本也一样，有一些学者当时就提出应该以东京话作为标准的国语，然后把国内其他方言都纳入这个系统，建立一个树状的谱系。也就是说，要把日本最原始的语言定为东京话，而其他方言都是由它派生出来的产物。

但这个说法有什么问题呢？我们要知道，所有标准语的建立都是经过人工塑造的。任何一个国家的国语，都不是拿一种原来就有的语言直接就用的，而是要经过一些改造。近代日语一样也经历了这个过程，所以说它是一种现造的语言，或者说起码有现造的成分在里面，而日本人却称他们的祖先在神武天皇年代就在讲这一语言。这样把国语神话化之后，很自然就会把其他方言都当成是它的派生物。由此我们便知道，原来很多国家的现代国语，包括日语在内，都有一种神话的味道。任何民族国家的诞生，都会为自己塑造一个神话。

（主讲　梁文道）

小森阳一（1953—　），日本文学批评家。北海道大学文学博士，现任东京大学教授，为日本新生代左翼知识分子。著有《天皇的玉音放送》《村上春树论——精读〈海边的卡夫卡〉》等作品。

● 海外华人比国人更追求中文的纯正性

——《马华文学：内在中国、语言与文学史》

　　为什么我们两岸的作家都不大要求中文的纯正性，而一个马华作家却要求这种纯正性呢？因为他把中文当成中华性的一种寄托。

　　一位印度小说家有一句话说得非常好，他说英语发展到今天，已经没有任何人能够声称对它拥有所有权了。意思是说，今天的英国人、美国人都不能出来说我们觉得英语应该怎样，什么叫作正统，什么叫作规范。为什么呢？因为这种语言已经成为世界语言，既然那么多从印度来的人，从加勒比海来的人，从非洲来的人，从亚洲各地来的人，都能够用英语写出非常好的文学作品，那么英国人、美国人凭什么声称自己才拥有正统的地位呢？那么，同样的现象会不会也发生在中文身上呢？

黄锦树是我非常欣赏的一位马来西亚作家和学者，现在定居台湾。《马华文学：内在中国、语言与文学史》是他早期在马来西亚出版的一本论文集，里面谈到马来西亚华人文学的很多东西，其中就有两篇谈及语言问题。黄锦树谈到现代语言发展的一个很关键的现象，就是言文分离以后的重新合并问题。我们知道，中国古代各省的人说着不同的方言，面对日本人或者朝鲜人的时候也是彼此听不懂，那么他们用什么来沟通呢？文字。这是一套书面语，也就是今天我们所说的文言文。这套书面语跟日常口语是彻底分开的，这就叫作言文分离。

很多语言里都有言文分离的现象，但中文的特别之处在于文字是象形的，它不表音，所以能够脱离真实的言语环境而存在。黄锦树认为，在先秦两汉时代，汉语仍然不断地在吸收口语，言文分离原则是在魏晋南北朝确立的。他依据学者郭绍虞[1]对中国文学史的分析说，魏晋南北朝的时候，骈文兴起了，文学逐渐走上文字型的道路，与语言型的文学不相一致。也就是说，骈文追求的是一种美，在文字上追求一

---

[1]　郭绍虞（1893—1984），江苏苏州人，中国语言学家、文学家、文学批评史家，曾在燕京大学、复旦大学等校任教。著有《中国文学批评史》《宋诗话考》等作品。

种极致的变化和表现，使得它越来越脱离日常口语。

白话文运动是什么？就是要求结束言文分离的状态，"我手写我口"，让大家写出来的文字跟大家说的话重新结合为一体。可是问题很快就出现了，你要我手写我口，那我要写的是哪个"口"呢？是北京人的"口"，广东人的"口"，四川人的"口"，还是安徽人的"口"？中国各地的方言都不一样，是不是全都要把它们用文字书写出来呢？当然不是。白话文虽说是"我手写我口"，但它其实仍然是一套书面语，而且经过五四运动以来的发展，越来越多纯书面的写作方式出现了，跟日常口语是截然不同的。

汉语在马来西亚被称为华语，这涉及一个特别的身份认同问题。在由马来族统治的国家里，谁要认为自己是华人的话，就说华语。马来西亚华人讲各种中国方言，有广东话、闽南话和海南话等。这些方言要么很难书面化，要么书面化之后没办法跟别人沟通，所以对这些华人来说，使用书面语的华文就像以前中国人用文言文一样。

假如一个现代作家把白话文当成像文言文一样去写作的话，会创作出什么样的作品呢？黄锦树说，作为一个用汉字书写的创作者，如果身在中国，这种选择就是天经地义的；可是，如果身在海外，而且置身于华人被视为少数族裔而且被压制的国度，像马来西亚那样的话，这种选择对他来说就是一种收获，必须好好珍惜。因此，马来西亚出现了一批很奇特但又非常优秀的华文小说家，这些人特别强调文字里面的中华性。

定居台湾的著名作家李永平[1]说他读了多年的外文，自认为得到了宝贵的收获。外文教育培养了他判别语言的能力，知道什么是中文、什么是英文，这也使他不能忍受恶性西化的中文。文化以及语言上的买办作风最是亵渎，而这个社会的买办实在太多了，他要保证中文的纯正性。他这种对纯正性的追求和他在写作中的表现，会让我们两岸所有的作家都为之震惊。为什么我们两岸的作家都不大要求中文的纯正性，而一个马华作家却要求这种纯正性呢？因为他把华文当成中华性的一种寄托。

黄锦树在书中引述了王安忆在 1989 年写的一篇文章，比较了大陆和台湾的小说。王安忆说："大陆与台湾的小说语言最明显的区别是：大陆小说的语言口语化，因为口语带有极强的地域特征，所以也更加方言化与俗语化；台湾小说

---

[1] 李永平（1947—2017），台湾作家。生于英属婆罗洲沙捞越邦（今马来西亚砂拉越州）古晋市，1967 年到台湾，从台湾大学外国语文学系毕业后留校任教，并任《中外文学》杂志执行编辑。后赴美攻读纽约州立大学比较文学硕士、华盛顿大学（圣路易斯分校）比较文学博士，回台后放弃马来西亚国籍，先后任教于台湾中山大学、东吴大学、东华大学。著有《吉陵春秋》《大河尽头》等作品。

语言则是汉语技术化，即语文化或书面化。假如说大陆小说语言的俗语、口语和方言的特征，是以生活经验为前提的，那么台湾小说语言的汉语技术化则是以对汉语的掌握与谙熟为前提的。"这个说法很有趣。台湾作家中有很多人的母语是闽南话，所以他们用白话文写作的时候，给人感觉就像古人在写文言文一样，是一种特别书面的语言。而这种书面语言的风格到了马华作家张贵兴[1]的手上，就变得非常夸张了。

（主讲　梁文道）

黄锦树（1967— ），旅台马华作家。生于马来西亚柔佛州，祖籍福建省南安市。1986年赴台湾留学，毕业于台湾大学中文系，后攻读淡江大学中国文学硕士、台湾清华大学中国文学博士，现任台湾暨南国际大学中文系教授。出版有小说集《鱼》、散文集《焚烧》、论文集《马华文学与中国性》等。

[1] 张贵兴（1956— ），台湾作家。生于英属婆罗洲沙捞越邦（今马来西亚砂拉越州），祖籍广东省龙川县。1976年赴台，于台湾师范大学英语学系毕业后任中学教师，1982年成为台湾居民。作品多以故乡婆罗洲雨林为背景，文字风格强烈，以浓艳华丽的诗性修辞描写雨林的凶猛、暴烈与精彩。著有《群象》《猴杯》《我思念的长眠中的南国公主》等作品。

● "她"字是中国现代化的结晶

——《"她"字的文化史：女性新代词的发明与认同研究》

> 创造一个前所未有的"她"字，其实是汉语现代化过程中的一个环节。

我们知道现代汉语中有不少外来语，比如"警察""哲学"等，这些词都是在 19 世纪末 20 世纪初的时候，中国人陆陆续续从外语比如日语转译来的。可是大家有没有注意到，中国人甚至还创造了一些古代所没有的汉字，例如用来指代女性的"她"字呢？有一本很奇妙的书就叫作《"她"字的文化史：女性新代词的发明与认同研究》，讲述的就是"她"字诞生的历史过程。

黄兴涛教授现任中国人民大学历史学院院长，是一位正处于壮年阶段的相当年轻有为的历史学家，他写的这本书我觉得相当精彩。为什么"她"字值得研究呢？黄兴涛教授对这本书的自我期许，大概有点像历史学家陈寅恪先生所讲的"凡解释一字即作一部文化史"，为一个字写史相当于写一部文化史了。

当中国人碰上西方文化的时候，马上就注意到一个问题：英语中第三人称单数代词是有性别之分的，男性叫作"he"，女性叫作"she"，死物、静物和动物被称为"it"，而汉语中是没有这个区别的，就一个"他"字，那该怎样翻译"she"呢？很多人以为这是20世纪才遇到的一个难题，但黄兴涛教授通过发掘史料告诉我们，原来在19世纪的时候，中国人和西方人就已经在想办法处理这个问题了。

1822年，第一个来中国的新教传教士马礼逊，在《英华字典》中已经明确触及无法用现成的中文准确对译"she"字的问题。后来有个人解决了这个问题，而他解决的方法非常独特。这个人就是广州人郭赞生，他翻译了一本书名叫《文法初阶》，1878年在香港出版，教中国人如何认识英文语法。郭赞生提出，把传统的"他"字用来翻译指代男性的"he"或"him"，而指代女性的"she"或"her"则用"秋水伊人"的"伊"字。这个字我们现代人不太熟悉，而古人却相当了解，甚至几十年前还很常用。

　　到了 1917 年的时候,《新青年》杂志的编辑圈内部,刘半农、周作人等人就"she"字的对译问题展开了讨论。刘半农最早提出用"她"字,这在当时完全是一个新造的字。虽然后来有人查到,原来古代有过这个字,只是大家对它很不熟悉,而且它的意思和读音也跟现代完全不一样。可以说,刘半农是发明这个字的第一人。

　　虽然是刘半农发明了"她"字,但第一个在文章中公开提出并讨论这一问题的人却是周作人。周作人在 1918 年 8 月 15 日的《新青年》上发表了一篇译作叫《改革》,文前有一个译者的说明,里面就提到刘半农想造一个"她"字来用。要知道,以前铅字厂印刷的时候,再铸一个新字是挺麻烦的。所以周作人提出一个很有趣的办法,就是在"他"字的右下方加上字号小一点的"女"字,这样大家就知道这个字指的是女性了。

　　周作人的这个用法曾经流行过一段时间,但当时还有别的主张。那个年代的进步文人颇有想法,认为汉语是一种腐朽的语言,古代的汉字应该被抛弃,甚至主张全盘拉丁化。所以当时有人认为还是算了,中国自己的字不够用,干脆拿其他国家的字来补,不必造新字,老老实实写一个"she"字得了。还有人建议干脆用世界语中男性的"li"、女性的"si"和中性的"gi"来取代汉语中所有的第三人称代词。

当"她"字那么新鲜地冒出来时，有很多人是反对的。黄兴涛教授提到一个最讨厌用这个新字的人，此人笔名寒冰，跟新文化运动有过好几番大论战。寒冰说，文字应该要适应大众需求，如果中国人几千年来光用一个"他"字而觉得没有问题的话，我们现在何必新造一个字呢？寒冰还提出了一个很重要的问题：现在新造一个"她"字来区分男女，可它在读音上怎样跟"他"字区分呢？

这个问题相当关键，对那些非常主张用"她"字的人来说也很困扰，不知道这个字该怎么念才好。如果"她"也念作"tā"的话，岂不跟原来的"他"字混淆了？那就失去造这个新字的原意了。所以当时有人主张干脆用"伊"字得了，不需要另造新字，或者可以用"她"字，但读音还是"yī"。当年国民政府教育部出的很多字典都规定"她"字应该读作"yī"，可是我们看到后来情况有变，短短十几年间，"她"字就取代了"伊"字，而且也不读作"yī"了。

"伊"字有一个问题是，它过去不只指女性，而是不分男女。根据黄兴涛教授的分析，"她"字能取代"伊"字的原因之一是，中国文人还发明了另一个字——"它"。这个指代静物、死物和动物的字一被造出来之后，就与指代女性的"她"字形成一个连锁关系，巩固了汉语应该造出表示不同性别的代词的需要，而且还消除了是否把"她"读作"伊"的麻烦。中国人早已习惯了把第三人称叫作"ta"，你若忽然把女人叫作"伊"的话，对于大家来说都很麻烦。这是社会大众的一个选择，大家都不愿意用字典里那个所谓正确的读音去读"她"字，仍用原来所习惯的"他"字读音去读这个新字。当年那些文人对"她"字读音问题的担心，看来是徒劳的。

在"她"字的产生过程中，我们还发现了一个关于女性地位的问题。著名作家叶圣陶当年写过一篇文章叫《女子人格问题》，认为"人格是个人在大群里头应具的一种精神"，也就是"做大群里的独立健全分子的一种精神"，女子无疑和男子一样，都应当享有这种权利。叶圣陶在文章中采用了周作人的做法，指代女性时在"他"字右下方加了一个"女"字。他认为专门造一个字献给女性，这本身就是女人独立且与男人平等的象征符号。

叶圣陶是从男女平等的角度来赞成为女性创造一个代词的，但是也有很多人表示反对，觉得自己专门造一个字去指代女性，反而才是真正在歧视女性。比如寒冰就一直反对用"她"字，觉得"伊"字比"她"字好，因为传统的"他"字是"人"旁，"伊"字也是"人"旁，从男女平等的精神着眼，既属公平，还免去了十分矫揉造作的形式。

除了寒冰之外，当时还有很多报纸杂志拒绝使用"她"字，其理由也是因为男女平等。比如当年一本非常有名的女性杂志《妇女共鸣》，就始终拒绝使用"她"字，认为该字的构造去掉了"人"旁，简直没有把妇女当人看。我觉得到现在还有很多人也是这么认为的，包括我自己有时候也不大爱用"她"字，总觉得难道女人不是人吗？当然，你也可以同意叶圣陶的说法，认为要为女性创造一个新字，这才算得上尊重她们的独立人格。这个争论一直存在着。

中国人最后接受了"她"字，想来还是很奇怪的。大家想想看，这本是一种英语的用法，有些语言比如法语也有表示女性的人称代词，为什么中国人不学法语，而偏偏学英语呢？其实清末民初的时候，英语在中国还不是最有影响力的外语，或者说至少不是唯一有影响力的外语，为什么中国人只能想到"she"该怎么译，而没有想到法语的阴性代词该怎么译呢？黄兴涛教授说他也没办法解决这个问题，找不到充分的史料来说明。

这时候我们就碰到一个比较重要的问题了，那就是其中有没有牵涉到文化之间不平等的问题呢？著名学者刘禾①曾经提到这一点，说当时很多人认为我们需要新造一个"她"字，是因为汉语没有欧洲语言中第三人称阴性代词的对等词，这是汉语本身的一种缺陷，为此设计了种种方案加以弥补，但这种行为与其说反映了汉语的不足，还不如说这体现了语言之间的不平等。举例来说，在把法语的阴性复数"elles"翻译成英语的时候，英国人照样把它译成"they"，而完全没有考虑性别之分，人们也没感到有什么不便。为什么中国人在翻译"she"的时候，非要为它创造一个新词呢？这难道不是我们当年暗自认为中文不如英文吗？这不就是一种语言之间的不平等吗？

黄兴涛教授不完全同意这样的说法，他认为"她"字能够在中文里落地生根，是因为它满足了一些内在的需求。当时中国正在追求某种现代性，而这个字恰好符合中国人对现代的一些要求，比如精确，我们的语言和思维需要更精确的东西了。但是，我们仍然有自己的特色，不要求精确到连女性第三人称复数也要创造一个新字。黄兴涛教授还说到，中国文人在"五四"前后追求现代化的时候讲究男女平等，所

---

① 刘禾（Lydia H. Liu），美籍华人学者，祖籍四川泸州。哈佛大学比较文学博士，现为美国哥伦比亚大学和清华大学的双聘教授。著有《帝国的话语政治：从近代中西冲突看现代世界秩序的形成》《语际书写：现代思想史写作批判纲要》等作品。

以当时有很多报纸自我标榜是"女报",还有很多宣扬女性特殊地位的媒体和运动出现,而为女性创造一个新代词也很符合那个时代的总体要求。创造一个前所未有的"她"字,其实是汉语现代化过程中的一个环节。

(主讲 梁文道)

黄兴涛(1965—),中国人民大学教授。1982年至1992年在北京师范大学历史系学习,先后获得历史学学士、硕士和博士学位,后到中国人民大学清史研究所任教,现任中国人民大学历史学院院长。著有《文化怪杰辜鸿铭》《文化史的追寻——以近世中国为视域》等作品。

死亡的尊严与生命的尊严

巴特勒由此认为，哀悼并不是个人的事情，它是社会的，甚至是理解人类社群的一个基础。这话听起来好像有点奇怪，她为什么会这么说呢？她的看法是，人在衰悼之中才会发现，我们在开始就必然跟他人联结在一起。在这个时候，我们发现了人类共通的联系，我们身上总有一些东西是跟他人联系在一起的。

巴特勒又提到，我们可以被伤害，这恰恰证明了我们的身体也是不能由自己控制的。这延续了她过去其他论著里的一个观点，即我们的身体本身就处在社会空间之中，被各种社会力量所雕刻和磨铸。我们所说的身体被伤害，不只是被人割伤、刀杀、枪杀这样一种肉体上的伤害，还包括因为你的肤色、年龄、性别、模样等身体条件而被拒绝和歧视，这也是一种你的身体导致你被伤害的情况。

巴特勒总结道，每个人活在这个世界上，都无可避免地要跟他人发生联系。

◉ 规划接近死亡的时光

——《追逐日光》

> 我们都想知道怎么活，但是，我们更应该想想要
> 怎么死。

我第一次读到弗洛伊德的书时还在念初中，其中什么概念对我影响最大呢？不是他讲性，也不是他讲潜意识，而是他提到人有一种本能叫作"death-drive"（死亡驱力）。人会有一种本能就是想死，这到底是为什么呢？弗洛伊德有一句话让我太震撼了，他说所有的生物从生下来就必然有死的一天，所以从这个角度去看，人是向死而生的。也就是说，我们的生命是朝向死亡的。这么说的话，是否表示人生的目的就是死亡，而所谓人生就是一个漫长的等死的过程呢？

如果这么说太悲观的话，我们换一个角度来看。人难免一死，我们是不是应该做好一个随时面临死亡的心理准备呢？我常跟朋友们说，我有空的话会问一问自己，如果我今天就死了，没办法活到明天了，我还有什么遗憾吗？我为什么要这么问自己呢？就是很怕自己哪一天过得不够充实，或者做错了什么事让自己死不瞑目。

近几年很流行一种叫"死亡规划"的概念，《追逐日光》这本书里就有很鲜活的实例。这是一本红遍全球的书，作者叫尤金·奥凯利，是美国毕马威会计师事务所前首席执行官。毕马威是全世界最大规模的四所会计师事务所之一，能当上这家公司的 CEO，可以说他是美国商界的顶尖人物了。根据尤金·奥凯利自己的描述，他是能够出入白宫、跟总统聊天吃饭、谈论美国经济未来的那种人。

尤金·奥凯利整天跟全世界最优秀的人聚在一起谈生意，日程总是排得满满的，甚至连一年之后都已经排好了。他跟家人的相处时间不多，但跟有生意往来的伙伴见面的时间就很多了。为了争取一笔生意，他可以拼到什么程度呢？以前他还是一个中层管理者的时候，曾经为了争取一个客户而马不停蹄地奔波。当时那个客户在澳大利亚的悉尼，他想飞过去见面拉生意，但对方的秘书说总裁的时间都排满了，只有一天有空，那天总裁要从悉尼搭飞机前往墨尔本，路程是一个半小时，在飞机上没有安排任何商务活动。于是他专程从纽约搭飞机前往悉尼，飞了二十二个小时，就是为了赶那趟从悉尼飞往墨尔本的航班，坐在客户身旁跟他谈买卖，争取把这笔生意拉过来。谈完之后，他从墨尔本下机，再搭乘飞机奔回纽约。

尤金·奥凯利就是这样一个人。然而，这个正处于事业巅峰的人，突然之间得知一个噩耗：他得了脑癌。医生很确定地告诉他，他活在这个世界上的时间仅剩三个月了。这是不是一种从天堂跌到地狱的感觉呢？可尤金·奥凯利毕竟是会计师出身，他的人生向来讲究规划，连死亡他都要规划。他是怎么规划的呢？答案就在这本书里。换句话说，这是一本遗著，我们看到这本书时，作者已经死了。这本书里记录的是尤金·奥凯利在世的最后三个月的感受和对人生的反省。

知道自己仅剩下三个月可活之后，尤金·奥凯利的生活反而比以前更充实了。为什么呢？他更珍惜现在的每一分每一秒，但他又跟会计师那种想避免所有风险的传统做法不一样，变得更愿意容忍各种意外，更愿意接受身边各种各样的事物。比如他坐在一个喷泉旁边，听着水喷洒的声音，会发现自己过去从来没有感受到水的声音如此好听。又比如他跟家人坐在窗前看日落，会发现自己过去从来没有感觉到太阳下山是这么美，静静地去感受时间的流逝是这么好的一件事情。他是一个天主教徒，这时候宗教信仰眷顾了他，使他开始培养冥想的能力。每天花一点时间冥想，他觉得这三个月的每一天都比过去任何一年活得有意义多了。

尤金·奥凯利还很年轻，才 53 岁，正处在人生的巅峰时期上，却很快就要面临死亡了，还能做什么事呢？他想到一件很特别的事，就是要积极主动地结束自己的人际关系。虽然他的手已经不听使唤，但他还是亲手画了一张图：那是一组同心圆，他根据人际关系的亲疏，把跟自己交往最浅的人画在最外圈，越往里越亲，最内核就是他最亲密的家人。他这样来重新审视自己一生的人际关系，然后决定要一一跟这些亲戚朋友告别。最外圈的大概有一千人，他或者发电邮告别，或者打电话告别。他告诉他们说："亲爱的朋友，这是我最后一次跟你通电话了，我很快就要死了，以后我们不会有机会再见了。"一些比较要好的朋友，他则将他们约出来，一起去纽约中央公园散步聊天。他觉得这时候特别愉快，大家都很珍惜这个最后见面的机会，不一定总是难过，也可以是快乐的。因为这时候大家会回顾一下过往是怎么认识的，也会重新审视对方在自己的生命中占有什么样的位置。他跟朋友说再见之后，朋友不会再说"See you later"，而真的就是"Goodbye"。

这样做以后，尤金·奥凯利觉得非常充实愉快。终于到了最后，他的行动能力完全丧失了。在他的眼睛都不大睁得开的时候，他的太太在床边陪着他走完人生的最后时刻，还把他最后的历程记录在这本书里。用这样的方式来终结自己一生所有的人际关系，对对方和死亡来讲，都是回顾人生的一个很好的机会。我们都想知道怎么活，但是，我们更应该想想要怎么死。

（主讲　梁文道）

尤金·奥凯利（Eugene O'Kelly，1952—2005），在美国纽约出生和长大，1972年从宾夕法尼亚州立大学毕业后，一直在毕马威会计师事务所工作。1977年获得斯坦福商学院工商管理硕士学位，2002年成为毕马威会计师事务所董事长兼首席执行官。2005年5月下旬被确诊患有恶性脑瘤，只能活三个月左右，后辞职进行死亡规划，最终于2005年9月10日去世。

● 用眼神写成的生命缠绵之书

——《潜水钟与蝴蝶》

　　他对残存的生命充满了不舍和爱恋，使得他在重新审视自己的过去时，有一种特别的细腻和对生命的缠绵之意。

　　我从小就喜欢听故事、说故事，甚至自编故事，今天就来说说《潜水钟与蝴蝶》的故事吧。让－多米尼克·鲍比原是法国 ELLE 杂志的总编辑，在 1995 年 12 月初的时候，正当大家准备要过圣诞节之际，他照例开了一整天的会，享用了他所喜爱的法式美食，而后赶到前妻家中，准备接儿子晚上去看戏剧，然后一起过周末。突然之间，他感到自己的精神无法集中，脑袋昏昏沉沉的。做护士的小姨子给他检查了一下，就决定要将他速送医院，越快越好。

一个多月后，他才在巴黎郊区的贝尔克海军医院苏醒过来。那个时候的他已经全身上下不能动弹，只有头部稍微可以转动，左眼仍然可以使用，还有十分清醒的意识。

鲍比患的是脑中风中的一种，也就是所谓的脑出血。这病以前是死路一条，现在医学进步了，他虽然免于一死，但却陷入这样的处境：全身瘫痪，意识清醒地封闭在自己的世界里，无法和人沟通，只能靠眨左眼和外界交流。作为一个世界顶尖时尚杂志的总编辑和长期驰骋在时尚界、文学界的思想活跃的文化人来说，这无疑是一个酷刑。这是一个无法言语的历程，于是他只能靠助手为他念出一个一个的字母，他以眨动左眼皮的方式来表示正确与否，然后敲成了这本书。

鲍比把这本书命名为《潜水钟与蝴蝶》。"潜水钟"指的是生命被形体所囚禁的困顿，"蝴蝶"则寓意生命在想象中得到了自由。在那像茧一样被封闭的岁月里，他的回忆和感情仍然可以像蝴蝶一样飞翔。他对残存的生命充满了不舍和爱恋，使得他在重新审视自己的过去时，有一种特别的细腻和对生命的缠绵之意。台湾地区著名评论家南方朔[1]形容这本书是"眼神写成的缠绵之书"。

---

[1] 南方朔（1946— ），本名王杏庆，祖籍江苏无锡，作家、诗人、时政评论家、新闻工作者。著有《有光的所在》《语言是我们的希望》等作品。

鲍比在书中这样描述自己的处境和心情："当我困顿如茧的处境不那么压迫、不至于让我透不过气时，我的心就能够像蝴蝶一样四处飞舞。有好多事情要做。我可以在空间和时间里翱翔，到南美洲最南端的火地岛去，或是到神话中的弥达斯国王的王宫去。"外在的困顿使他的灵魂更加精细，也使他更能用缠绵的心来看待回忆，更能够在无助中呈现敏锐的善良。

鲍比是这样形容自己病后的骇人外形的："展示柜的玻璃上，反射出一张男人的脸，那张脸好像被泡在一个装满酒精的罐子里：嘴巴变形，鼻子受创，头发散乱，眼神里充满了恐惧。一只眼睛的眼皮被缝了起来，另一只眼睛瞪得大大的，好像该隐不甘自己的命运而受到诅咒的样子。我凝视着这边眼睛的瞳仁，有好一会儿，怎么也反应不过来其实这就是我自己。"

鲍比说他最害怕星期天，没有治疗师的定期探望，也鲜有朋友来访，留下来值班的医护人员因为没有周末，心情也不好。他在病中回想起自己跟父亲的过往，记起病前最后一次去看父亲的情形。他的父亲从 92 岁以后腿就不听使唤了，下不了楼梯，只能待在公寓里，像是跟他一样患了"闭锁症候群"。父子俩各自以不同的方式处在闭锁的状态里，鲍比在自己的身体里，他的父亲则在三楼的公寓里。

病后，鲍比与 10 岁的儿子和 8 岁的女儿过了一个父亲节，他喜欢他们围在自己身边嬉闹，但又怕他们看到自己现在的处境。他说："突然，一股恐惧向我漫泛而来。提奥菲，我的儿子，乖乖坐在那里，他的脸离我的脸只有五十厘米。而我，他的爸爸，连最简单的动作都做不了，不能用手摸摸他浓密的头发，揪他脖子后面柔软的茸毛，紧紧地抱着他滑腻、温热的小身躯。"怎样来表达这种感受呢？他的处境是这样的畸形和残酷。

　　鲍比在"潜水钟"里过了半年之后，因为朋友圈传言他成了植物人，他决定要给这些过去的朋友写信以破除谣言。当然，他仍然是用左眼和意识来写信的。朋友们开始了解到他还活着，而且他还用不同的方式在跟大家交流着。他说："除了几位顽固人士还执拗地沉默着以外，所有的人都知道可以和我在潜水钟里相会，虽然有时候我的潜水钟会把我带到不为人知的荒界去。"

　　鲍比收到很多朋友的来信，拆信成了他的一种庄严、静默的仪式。他发现，一些和他交情不深的人，反而更喜欢探讨生命本质的问题。有些信则诉说着生活里非常简单的小事，标示了时间的流逝，诸如在晨曦中采撷玫瑰，在下雨的礼拜天慵懒度日，小孩在临睡前哭了……他攫住这些活生生的景象、人生片段的取样，这种幸福比任何事都让他感动。他说，有一天他会把这些信一张一张地接起来，串成一串，飘荡在风中，像是显耀友谊的小旗帜。这是会赶走秃鹫的，尤其是在他生病的时候。

这本书的最后一章说到，夏天接近尾声了，医院也像是要开学了，这使他确定了一件事："我真的是这里的新生。在这里，在床、轮椅、走廊之间，有生命在轮回，生命都走了，但是都走不出这里。"他在书的最后一页写道："在宇宙中，是否有一把钥匙可以打开我的潜水钟？有没有一列没有终点的火车？哪一种强势货币可以让我买回自由？应该去其他的地方找。我去了，去找找。"

鲍比用了两个月的时间写完这本书。1997年3月，这本书的法文版出版两天后，他去世了。美国导演朱利安·施纳贝尔[1]以这本书为蓝本，拍摄了同名电影，电影2008年获得了第65届金球奖最佳外语片奖。幸运的我们，应该如何讴歌生命呢？

（主讲　吴小莉）

---

[1]　朱利安·施纳贝尔（Julian Schnabel，1951— ），美国画家、电影制作人。执导了《轻狂岁月》《夜幕降临前》等多部影片，凭借法语电影《潜水钟与蝴蝶》获得2007年戛纳国际电影节最佳导演奖、2008年金球奖最佳导演奖。

让-多米尼克·鲍比（Jean-Dominique Bauby，1952—1997），法国媒体人。早年在巴黎求学，任记者数年，1991年出任法国ELLE杂志总编辑。1995年12月8日突发脑出血，患上闭锁综合征，全身瘫痪，只剩左眼皮能够自主活动。1997年3月9日，在法文版《潜水钟与蝴蝶》出版两天后，因肺炎去世。

◉ 人生在世要趁早读生死学

——《死亡的尊严与生命的尊严》

> 我们与其单纯地关心死后的生命，不如因为有了死亡，而把今天我们仍然拥有的这短短的生命赋予一种有灵性的意义。

最近几年，台湾地区很流行谈生死学。其实，这不只是台湾在流行，在世界各地都很流行，到了最近十几年，华人世界里最先出来响应的就是台湾。所谓"生死学"指的是，我们如何把死亡当成一个非常重要的人生课题来面对和处理。我们应该尽早展开相关教育，像台湾在高中阶段就在教学生关于死亡的事。中国人传统上会觉得"呸呸呸，这太忌讳了，太不吉利了"。但是，恰恰是这个态度使得很多人死到临头了，或者有家人不幸要死了的时候，完全没办法去处理，没有能力去应对，没有经验也没有任何心理上的资源和能量去支撑他们熬过这一切。

台湾现在已经把"生命教育"放进很多高中课程里。所谓"生命教育"，说白了其实就是围绕着"死亡"展开的。在这个课程中，有一本指定的参考书是《死亡的尊严与生命的尊严》，作者是 1996 年已经去世的著名美籍华人哲学家傅伟勋。傅伟勋生前是美国天普大学宗教学研究所的教授，以研究禅宗、佛学和东方哲学闻名。他在晚年的时候发现自己患了癌症，这更使他利用自己学了半生的宗教哲学的资源来思考什么叫死亡、什么叫生命。他把这些思考结集成了《死亡的尊严与生命的尊严》一书。在我看来，这本书很有可能是现代华文世界里第一部真正把生死学提出来作为课题的书。

傅伟勋谈到他为什么会考虑这些问题，是因为他从小就很怕死。20 世纪 60 年代，他父亲在台北患上半身不遂之症，由于他四哥一家十分忙碌，而他又身在国外，没人能在家看护他父亲，只好将他送进一家特殊医院。但是他父亲不愿意，大吵大闹的，说死也要死在家里。后来没办法，他四哥又把父亲接回家。有一天，他父亲一个人在家时不小心摔倒在地上，好几个小时不能动弹，非常痛苦。有了这次教训，他父亲终于同意被送回特殊医院。后来，他四哥每周去医院一两次，陪父亲聊天解闷。此后二十年来，他父亲就待在医院的一个小房间里，直至死亡。

这个经历对傅伟勋的刺激非常大。他开始想一个人应该怎样来面对人生的最后一刻，假如所谓的"最后一刻"居然拖了二十多年的话，又该怎么办呢？他在台湾首创先河地介绍了一位非常有名的美国医学专家——伊丽莎白·库伯勒－罗斯[1]。这是一位比较系统地去研究死亡历程的学者，她认为绝症末期患者的精神状态大体上要经过五个阶段：第一阶段是否认。比如我患了癌症的话，我首先会否认，说这不可能，我绝对没得这个病，我不相信。第二阶段是愤怒。愤怒为什么偏偏是我得了这个病，我人还不错，有人那么浑蛋，怎么他们不得癌症呢？第三阶段是讨价还价。不管你有没有宗教信仰，你都奇怪地在心里祷告，比如说："能让我多活几天吗？我保证以后做个好人。我保证以后不发脾气了。"第四阶段是消沉抑郁，不愿意说话，不想理人。到了最后阶段就是接受，你终于能够接受自己要死了这个事实。

---

[1] 伊丽莎白·库伯勒－罗斯（Elisabeth Kübler-Ross，1926—2004），精神病学家，美国死亡学研究的开拓者之一。1969 年出版了《论死亡和濒临死亡》一书后成名，著有《死亡与临终问答》《死亡——成长的最后阶段》和回忆录《生命之轮》等作品。

傅伟勋告诉我们，过去已有作家描写出了这个五阶段模型，比如托尔斯泰的中篇小说《伊凡·伊里奇之死》。伊凡生病后去看医生，随着病痛的增加，他发现了周遭的变化。他旁边的人，尤其是他的妻子和女儿，根本不愿意去了解他的身心情况，认为一切如常。这反而使他感到格外痛苦和害怕，觉得孤立无依，然后就进入愤怒阶段了。他在心里咒骂家人说："他们觉得无关痛痒，但他们还不是一样也会死去！他们都是笨蛋，只是我早走，他们迟走而已，他们却觉得无关痛痒，他们此刻却在唱歌取乐！真是畜生！"

这种愤怒很常见，所以如果你身边有临终者的话，你要记住不该在他面前表现出一种假装他没病也不会死的态度，有时候你这种态度反而会带来更坏的结果。相反，大家要一起进入承认此人迟早要走的阶段，甚至在他面前也要承认而不是拒绝。有时候我们拒绝承认亲人将要离世的事实，其实只是为了让自己好过一点，或者就像伊凡所愤怒的，好让我们可以继续取乐，仿佛我们不会死一样。弗洛伊德说得非常好，所有人的潜意识里几乎都相信我们好像是不朽的，其实我们并不是。

傅伟勋还介绍了日本导演黑泽明的《活下去》这部电影。那个非常英勇的男主角死前要帮孩子们建公园，死后同事们在哀悼他的时候被感动了，很敬佩他，要效仿他。但是，电影的结尾却让我们看到，这帮同事第二天上班时依然庸庸碌碌，像平常一样，好像这个同事死了与他们毫不相关，昨天说过的任何山盟海誓或者人要怎样升华的种种想法又全都被放下了。这印证了海德格尔所说的，人只有在面对自己的死亡时才把它当回事，他人的死对于自己来说，无论如何都是不重要的。

最后，这本书最重要的是提出一个所谓"现代生死学"的概念。傅伟勋认为，狭义的现代生死学应建立在"心性体认本位"之上，也就是我们要有终极关怀，要知道在社会服务、教育工作等种种人生意义之上还有终极意义，比如超世俗的宗教性或高度精神性意义。这是不是表示我们要相信有一个死后的世界或者上帝的存在呢？傅伟勋指出，我们不需要有宗教信仰也能够进行终极关怀。我们与其单纯地关心死后的生命，不如因为有了死亡，而对今天我们仍然拥有的这短短的生命赋予一种有灵性的意义。

（主讲　梁文道）

傅伟勋（1933—1996），美籍华人，哲学家。出生于台湾新竹，毕业于台湾大学哲学系，后在美国伊利诺伊大学获得哲学博士学位。曾在台湾大学、伊利诺伊大学、俄亥俄大学、天普大学等校任教，1992 年被确诊患有淋巴腺癌，1996 年 11 月去世。著有《西洋哲学史》《从西方哲学到禅佛教》等作品。

● 死亡是安全的

——《陪伴生命：我从临终病人眼中看到的幸福》

> 死亡很安全，无论对你，还是对你所爱的人，都很安全。这本书要传达的就是这一点。

最近几十年，世界各地开始研究所谓"生死学"的一些概念。与此相伴的是，在学术界之外的实际医疗工作中，越来越多的人开始面对一个问题——临终关怀。过去我们一度以为，对于一个将死的病人，让他继续接受医疗就够了，然后家人在旁边哭一番，最后为他办后事就行了。但现在我们发现不是这样的，原来人在最后一刻是需要一种特殊的照顾的。对于这种特殊的照顾，古人其实是懂的，比如把病人接回家，由亲人陪伴着，或者让他在教堂里接受神父和牧师的涂油礼。而现在我们把病人放在医院里，只是极力去抢救，完全忽略了临终者想要怎样来度过自己生命中最后那段时光的问题。

《陪伴生命：我从临终病人眼中看到的幸福》是一本很美妙的书，台湾版将书名译为《好走：临终时刻的心灵转化》。这本书译自一本英文著作，原名叫作 *The Grace in Dying*，直译为《死亡中的恩典》，这个书名很奇怪对不对？作者是一个印度裔的美国医生，名叫凯瑟琳·辛格，作者做了三十多年的临终关怀服务，也就是陪着临终病人，看着他们走完人生最后一程。

这本书比较惹人争议的地方在于，作者特别强调灵性的重要。如果你完全不相信这一点，就会觉得这本书非常不靠谱。比如说人临死前会看到光，或者会融入无限之中，这种东西对于很多人来讲是很难理解的，尤其是没有宗教信仰的人会觉得这都是瞎编瞎说的。但对于作者来讲，这却是特别重要的。因为她学习佛教，禅修了几十年，而且还学习了各派宗教，也看了很多天主教的有关临终关怀的书，一直在研究这方面的学问。这本书最主要的框架就是以伊斯兰教苏菲派的理论来理解人从出生到死亡的整个过程。

我不讲那么玄乎的东西，先来看看这本书要告诉我们的是什么。作者说："死亡很安全，无论对你，还是你所爱的人，都很安全。这本书要传达的就是这一点。"其实，她想表达的就是让大家放心。说到死亡，平常我们都不愿意想。弗洛伊德就曾经说过，死亡其实是难以想象的，每当人试着想象死亡的时候，就会发现要把自己置身事外才会觉得足以承受。凯瑟琳·辛格说，我们机灵地蒙骗自己，拼命逃离会腐败的肉身，奔向"自我"这个看似永恒不朽的概念或意象，以为这样可以逃过一死。虽然这一切都是假象，但我们还是能从中获取一些安慰。

这个说法其实用了苏菲派的一个观点，即人以为有一个自我，但那实际上是一个幻象。比如说我是梁文道，我穿这样的衣服，我有这样的经历，我有这样的社会关系，我做了这么一些事，我把这些都归在"我"身上，而这个"我"终究是个幻象。很多宗教比如印度教、佛教、伊斯兰教都有类似的想法，认为"自我"只是一个面具，只是一个概念。我们瞒骗自己说不会死，只是想继续维持"自我"这个面具和概念而已。

凯瑟琳·辛格提到，从她几十年来经历过的案例中可以发现，病人临终前都会慢慢接受死亡的整个过程。她还注意到，死亡看起来很平常，但其实死亡的过程一点都不平常。她认为，死亡是深刻、超越而不平凡的。她接触到的大多数病人都在一种庄严、平静、意识转化的情况下死亡，他们在临终之际洋溢着只能被称为灵性的能量。她说，我们生命中的其他时刻，从没有像面临死亡时这么沉默，却又这么光辉灿烂。

然后，凯瑟琳·辛格谈到临终体验里有很多种重要的生命品质，并一一进行了分析。其中有一种品质是所谓的"退出"，也就是人在临终之际会从原来活着的世界和世事纷纷扰扰中退出来，不再是那个与世界紧紧挂钩的自己了。这样的退隐会有很多别的效果出现。这时候，人不再执着于维系交情，而维系交情原是自我处于社会契约阶段时最典型的特色。人在社会上生活有一种社会化的需求，比如人家跟你打招呼，你也要打招呼还礼，这就是一种社会契约和社会规则。但是，当我们进入临终的"退隐"状态，从原来那个世界走出来的时候，所有派对、聚会、运动、爱好、打拼事业等这些赋予人生意义的活动都慢慢地终止了，也对书和电视失去兴致，对任何形式的消遣娱乐都不再热衷，到最后只有最亲近的人陪伴在我们身边，才让我们感到与世界还有一点点联系。

这样一种退隐状态像什么呢？中国也好，印度也好，西方也好，所有的文明里都有不同的灵性传统，比如修行，或者像儒家所说的"功夫"。修行强调的一点就是沉默和退隐，比如躲在山里当隐士。凯瑟琳·辛格说，静默能帮助我们退出大脑皮层旺盛的神经活动，就某方面来说，它改变了人的生理作用。坐禅的人常用一个优美的比喻来形容心在静默中变得澄明的过程。他们说，凡夫心，也就是正常的清醒状态，好比是一杯充满杂质、混浊不堪的水。把这杯水搁着不动，一会儿之后，杂质会慢慢地沉淀，水会渐渐地变得清澈无垢。也就是说，当你退隐和静默的时候，你的内心就慢慢地沉淀下来了，变得清静了。

这本书认为，所有的宗教修行，从某种意义上来说都是一种对死亡的练习。比如你坐禅，观察自己的呼吸，就像一个临终者到最后什么都没有的时候，也只是看着自己呼吸而已。所以说，你如果长期有这种修行的习惯，有一个退出社会与世界的心理准备，你的死亡课程就已经准备得相当充分了。

我听很多人说过，希望自己死的时候很漂亮很优雅，有的人希望自己死得非常英勇非常酷，有的人则希望自己的墓志铭怎么写、葬礼怎么搞。我敢说，会说这种话的人其实还没有准备好面对死亡来临的那一刻。当你说你期盼自己死得很漂亮、死得很优雅、死得很英勇、死得很伟大的时候，你在乎的并不是死亡，而是自我，也就是你心目中的那个"我"应该是什么样，比如我是不是该耍酷耍帅呀，我是不是很美丽呀？我敢保证，大部分人在死亡真正来临的那一刻，对这些小小的可怜的自我形象的坚持其实一点都不在乎，那时候想的只不过是怎样呼吸，下一口气还呼不呼得出来而已。凯瑟琳·辛格的观察也是如此，大部分人在临死前的状态不是这样的，他们是想不到这些事情的。

华人学者傅伟勋教授在《死亡的尊严与生命的尊严》一书中，提到过美国一位非常有名的研究临终关怀的医生伊丽莎白·库伯勒－罗斯。罗斯提出过一个所谓临终心理的五阶段论，即从否认、愤怒、讨价还价、沮丧到接受。与之不同的是，凯瑟琳·辛格认为一个病人从知道自己得了绝症快要死了所经历的这五个心理阶段其实是同一个阶段，叫作混乱期。一个人一辈子建立起来的自我，所熟悉的那套社会契约，所有的社会关系，终于到了一个崩溃的阶段，这时候就会出现那五个阶段的现象。

凯瑟琳·辛格认为，临终病人经历过这段混乱期之后，接下来就进入了臣服期。臣服期是一种相当深的层面，属于心灵层面，这时候你会赤裸裸地浸淫在纯有的本源或灵性之中。最后是超越期，你会朝着更浩瀚、更兼容并蓄的灵性整合状态发展。也许有很多人会认为，后面这两个阶段玄之又玄，到目前为止还没有得到科学的印证。没关系，我们来看看她如何丰富了罗斯博士的五阶段论就好，我觉得她写得相当美。

凯瑟琳·辛格说，否认之所以出现，是完全可以理解的，因为人太怕从此失去了"我"，而自我是我们唯一的依靠，我们的自我感越清楚，我们所想象的自己与他人之间的区分也就越清楚。现在我们要死了，这个自我就要消失了，这时候我们当然会否认，接下来还会愤怒。凯瑟琳·辛格说，没有见过或陪伴过临终时的病人的人恐怕很难想象，失去生命的主控权对于他们来说是多么令人难堪和难以忍受的事情。心智自我不得不痛苦地屈就于无情的现实，而愤怒则是出自心智自我不肯屈就的顽抗。

愤怒过后该怎么办呢？沮丧。这是一种令人感到非常震惊、气馁和深不见底的沮丧。在暗无天日的沮丧中，你第一次痛苦地发现原来自己距离生命的真相如此遥远，你所有珍爱的生活、爱好和事业等，如幻影般地一个一个消失、破灭。这令人非常痛苦。但凯瑟琳·辛格指出，对于一个真正要做好临终准备的人来说，这是一个非常有必要而且有益的过程。因为，这时候你就要失去你所珍爱的一切，甚至失去自我，你沮丧是在为即将到来的失落做准备。在还没真正失落之前，你先感到悲伤，哀叹你即将失去的一切。

到了最后，终于进入罗斯博士所说的最后阶段，也就是接受，你开始接受死亡是不可避免的。凯瑟琳·辛格说，接受死亡是一种非常深沉且完全的幻灭体验，它甚至比人在沮丧期所体验到的幻灭还要深，即使从表面上看十分平静。人在接受期会被诸如深切的自责、懊悔及承认自己无依无靠的痛苦彻底折磨。到了这个时候，就像承认沙漏里的沙子正在点滴流失一样，你的脑海中总会被往事占据，过往的记忆在一时之间倾泻而出。

在接受期，占据你思绪的是什么呢？未来。你还有未来吗？原来在临终时，人的时间感会重新定位。可以将接受期视为临终心灵转化过程中的平静时刻，但又是暴风眼的中心。这时候，你往往因为看得太清而觉得自己非常不堪。许多病人跟凯瑟琳·辛格说，当他们自己的阴影部分被释放出来之后，觉得非常懊悔、自责。不过，这种深切的悔悟会带来很好的效果，因为它清空了潜藏在你心底的罪疚感。曾经有人说，罪疚感是彼此冲突的欲望系统交错时造成的内心交战。在这时，你发现悔悟会给你带来平静。凯瑟琳·辛格还引用了庄子的一句话："知其愚者，非大愚也。"

到了生命的最后时刻，我们有时候会看到一些病人在床上抖动，看起来好像很不安定。但据凯瑟琳·辛格的观察和有些人又活过来的经验，那个时候的抽搐是一种身体

209

上的反应，心灵反而越来越安定。那是一种越来越清醒的恍惚，是一种很奇怪的状态，然后这个人就迈入人生最后的旅程。那个时候如果处理得好，人应该是处于一种安定的状态中。

如果你今天还在生一个人的气，觉得这个人不对劲，那个人很讨厌，我敢保证你在临死的那一刻会忘记这一切的。如果我们常常想到死亡这件事，一切还有那么重要吗？

（主讲　梁文道）

凯瑟琳·辛格（Kathleen Dowling Singh），美国超个人心理学家、灵性导师。长期从事临终看护工作，在佛罗里达州医院为几百位患者提供过临终关怀，还积极参与各种推动临终关怀的运动和演讲。著有《当我老去：迎接平静觉醒的晚年》等作品。

● 记录迈向死亡的片刻

——《生命的肖像》

　　我们现代人常常看不见死者，看不见死亡，他俩刻意这样做，不是为了让我们感到害怕，不是为了吓唬我们，而是希望我们能够正视一个人该怎样平静而又有尊严地迈向死亡。

　　在早期的摄影史上出现过一种现象，我们在今天看来觉得非常古怪，甚至非常诡异和可怕。在摄影技术发明以后的几十年里，很多人会请摄影师来为自己刚刚死去的亲人拍照，所以我们总会在照片里看到一些死者闭着眼睛、躺在床上或者坐在椅子上。为什么要帮死人拍照呢？因为当时人们觉得这是一个很重要的时刻，要把它记录下来，要看到亲人最后的面容是什么模样。今天我们在摄影史书

211

上看到这些照片的时候，会觉得毛骨悚然。我完全没有想到，今天还有人在拍这样的照片。

《生命的肖像》这本书的作者是两个德国人，一个是德国《明镜》周刊的记者贝阿塔·拉考塔，另一个是摄影师瓦尔特·舍尔斯。他俩有这么一个合作计划，就是去临终关怀医院探望一些病人，并为他们拍照，先拍他们生前的模样，拍他们在医院里的日常生活状态，拍他们说话、吃饭、喝水的瞬间，在他们死后又为遗容拍照，然后做一个生前和死后的对照。为什么要这样做呢？因为我们现代人常常看不见死者，看不见死亡，他俩刻意这样做，不是为了让我们感到害怕，不是为了吓唬我们，而是希望我们能够正视一个人该怎样平静而又有尊严地迈向死亡。他俩把这些照片拿出来，希望让大家去注意迈向死亡是怎么回事。

这本书写的就是一个个临终病人的故事。这些住进临终关怀医院的人都知道，他们不会得到延长生命的救助，这里没有人工呼吸、没有电击措施、没有成堆的机器、甚至没有医生的白长袍。医生和护士在这里要做的，就是让他们好好地死去。作者在给这些人拍照的时候，发现每一个人对死亡的态度都不一样，比方说有的人会很愤怒。这很自然，一个将死的人会觉得有太多的事情无法解释，为什么好端端的一个人会突然之间会陷入这种境地呢？也有人觉得自己快死了，没想到过了期限还没死，于是便焦虑不安，说自己来这里是为了死，为什么到现在还不死呢？穆勒先生就是这样一个人，为此觉得很不舒服。他住进医院的时候，所带的行李特别简单。有的人带来的行李很多，好像觉得自己仍然会活过来，而有的人带的东西很简单，表示他知道自己走不了了。你从这个细节就能看出来差别了。

根特太太一向是个很乐观的人，年轻时非常美丽，到了50岁时身体仍然非常苗条。她在医院里本来天天跟人开玩笑，过得很舒服，可是到了最后那几天，她知道自己将不久于人世了，曾经几次想跟孙女谈谈自己的死，但是孙女心存恐惧地拒绝了。她越来越生气，越来越难过，越来越害怕死亡，最后就不想死了。到了圣诞节那一天，她说自己很想看看新年的烟花，希望今天晚上自己还活着。她果然挺下来了，而她的求生欲望也越来越强烈。到了最后，她拉着瓦尔特·舍尔斯说："拜托你留在这里，我不想在你走开的时候死去。"但是，当她看到这个摄影师的眼睛时，她就明白了。于是她说："摄影师先生，连你也不了解我。"她失望地抽回自己的手，眼睛望向远方。

有的病人喜欢站在窗前看着街上的行人，看见对面超市里有很多人在买东西，觉得他们很快乐。其中有个病人说的话让我觉得特别震撼。他说："你看对面那些超市的顾客提着大包小包进进出出，我有一种感觉，这些人好像觉得自己会永远活下去。这不正是我们平常的感觉吗？我们平常工作、生活、说话和游戏，总没有想到自己会死，甚至觉得自己好像会一直这么活下去。但是，这怎么可能是正常的呢？"

作者没想到在做这个艺术与写作计划的时候，会在医院里遇到朋友。大家见面时一开始很是高兴，可是慢慢地又觉得怎么会这样，怎么就快死了呢？还好那个朋友很乐观，也是个搞创意的人，是个广告人，一听说这个计划后很兴奋，要求把他拍得好看一点，还跟他们玩闹。但是，大脑内长瘤的他开始失去了记忆，各种记忆都慢慢不见了，甚至到了最后，他每天都很愉快地跟人聊天，但是聊完之后就完全不记得聊的什么了，连这对好朋友也不记得了。失忆后，他变得非常愤怒，越来越孤独，越来越难受。

我看这些照片的时候觉得很震撼，因为里面有罗兰·巴特所讲的"刺点"，那是一种孤独感。这些人突然之间迈进一个我们所不知道的领域，那种神秘、那种恐惧、那种幽寂会刺痛我们。

（主讲　梁文道）

瓦尔特·舍尔斯（Walter Schels，1936— ），德国摄影师，擅长拍摄人物和动物。他以临终病人生前死后的照片对比为题材的"生命的肖像"系列作品，在2003年发表后获得诸多奖项，他也被评为德国2004年度肖像摄影家。他的搭档贝阿塔·拉考塔（Beate Lakotta，1965— ），时任德国《明镜》周刊科学编辑，负责访谈和文字记录。

◉ 被哀悼是一种做人的资格

—— 《脆弱不安的生命 —— 哀悼与暴力的力量》

在任何国家，任何社会，总有一些人是不允许被哀悼的。这意味着什么呢？其实就是把这些人排除在人类的资格之外。

有一种哲学观点认为，我们的死亡固然是一个很重要的哲学事件，因为这会促使我们思考人生的意义是什么，但同时我们也要通过他人之死来感知我们身上有一些东西必然与他人联结在一起，并从中能够发现人生的另一种意义。这个主题在《脆弱不安的生命 —— 哀悼与暴力的力量》这本书中有所探讨。

这本书的作者朱迪斯·巴特勒是当代一位很有名的思想家，很多人认为她写的东西非常复杂难懂，甚至有一位

216

很有名的哈佛大学心理学家认为她是当代学术界英语写作比赛的冠军得主。巴特勒现在加州大学伯克利分校任教，虽然她的专业是哲学，但是英美哲学界都不认可她这种写作方式，所以把她"排挤"到修辞学与比较文学那边去上课。《脆弱不安的生命》算是她最容易懂的一本书了，我重点要谈其中一篇写得相当精彩的文章，题为"暴力，哀悼和政治"。

这本书出版于 2004 年，正好是美军在伊拉克与阿富汗作战达到激烈时。当时有很多美军的丑闻被曝光了，比如动不动就说人家是恐怖分子，不经审讯就把人关进关塔那摩监狱，还出现了侵犯人权、虐囚等情况。另外，当时美国人还在集体哀悼本土生命的逝去，比如"9·11"的遇难者，但对于地球另一端的伊拉克也有很多无辜平民被杀害，却好像无动于衷。在这样的背景下，巴特勒写了这样一篇文章。

文章开宗明义，说要讨论的一个问题就是什么叫作人类。人类社会认为一个人要符合哪些资格、具有哪些特点才能被称为人呢？巴特勒认为是我们的哀伤，我们会受伤害的可能，以及我们的失去。这是一个很奇怪的想法对不对？为什么她认为这些能够界定我们是谁呢？

巴特勒在思考一个问题：当我们在为一个人的死亡而

哀悼而难过的时候，我们到底在难过什么呢？比如你说"我失去了他"，可是死的那个人并不在你的身体里，他不是你的一部分，你又是如何失去的他呢？弗洛伊德也讨论过这个问题，巴特勒从他那里得到了灵感。她认为，当你说自己失去了一个人，你所失去的是你跟那个人有关的东西，你在那个人身上所发现的东西，或者那个人在你身上遗留下来的东西。那个东西到底是什么呢？其实说不清道不明，你用任何言语都无法表明。

在这样的状况下，巴特勒发现了人之所以为人的一个本质：人永远有一些东西是大于你自身的，永远有一些东西是在你身体以外的。有些东西构成了你的一部分，但其实是你所不了解的，是跟他人相关的，只有当那个人走了之后，你才会发现自己身体有一部分也永远失去了。那个东西是构成你的一部分，只是你过去并不认识它，甚至在那个人死了之后还不认识它。那个人离你而去了，于是你哀叹，你悼念，你哀怜。在这个过程中，你经历了某种人生的转变。

巴特勒由此认为，哀悼并不是个人的事情，它是社会的，甚至是理解人类社群的一个基础。这话听起来好像有点奇怪，她为什么会这么说呢？她的看法是，人在哀悼之中才会发现，我们在开始就必然跟他人联结在一起。在这个时候，我们发现了人类共通的联系，我们身上总有一些东西是跟他人联系在一起的。

巴特勒又提到，我们可以被伤害，这恰恰证明了我们的身体也是不能由自己控制的。这延续了她过去其他论著里的一个观点，即我们的身体本身就处在社会空间之中，被各种社会力量所雕刻和磨铸。我们所说的身体被伤害，不只是被人割伤、刀杀、枪杀这样一种肉体上的伤害，还包括因为你的肤色、年龄、性别、模样等身体条件而被拒绝和歧视，这也是一种你的身体导致你被伤害的情况。

巴特勒总结道，每个人活在这个世界上，都无可避免地要跟他人发生联系。这种联系通过两方面来达成：一是因为某些人的失去而使你哀悼，这证明了你跟他人之间存在联系；二是由于你有被伤害的机会，这证明了你跟社会空间存在联系。

在人类社会这样的联系基础上，巴特勒又提出了一个问题。曾经有一个巴勒斯坦人给《旧金山时报》写信，想在上面发讣告哀悼一些被以色列军队打死的亲人，但这家报纸却拒绝刊登。为什么呢？报社说这会冒犯很多人。虽然身为犹太人，但巴特勒认为报社这种做法太过分了，这等于是在拒绝承认某些人的死亡。

的确，在任何国家、任何社会，总有一些人是不允许被哀悼的。这意味着什么呢？其实就是把这些人排除在人类的资格之外。在巴特勒看来，可被哀悼的和需要被哀悼的，这是人之所以为人的一个根本的东西，也是整个社会联结为一体的基础。但问题是，在这个世界上，总有一些人是被排除在外的，我们觉得他们不一样，他们不是人，或者他们的生命不真实，他们是可以被伤害的，他们应该不用被哀悼。于是，这种人就被甩到一边去了，就被遗忘了。

（主讲　梁文道）

朱迪斯·巴特勒（Judith Butler，1956—　），美国哲学家。1984年获得耶鲁大学哲学博士学位，现为加州大学伯克利分校教授。在女性主义理论、性别研究、当代政治哲学和伦理学等领域颇有建树，著有《性别麻烦：女性主义与身份的颠覆》《战争的框架》等诸多作品。

● 人类是如何发明死亡的

—— 《被埋葬的灵魂：人类是如何发明死亡的》

> 人会为"消逝"而困惑，把它当成一个终极的问题来思考，这就是所谓"人类发明死亡"的意思。

我在电视上的一些动物纪录片中看过，大象也有哀悼死去的亲属的习惯。不过，那个行为到底叫不叫哀悼也很难讲，反正看起来像哀悼。到今天我们还不能很准确地知道，很多高智商的动物在对待死去的同类的行为里面，是不是隐含着它们对于死亡也有一种概念。我们大部分人仍然觉得，对死亡有意识、有疑问、有恐惧，会思考死后是怎样的、生命有什么意义等一连串的问题，是属于人类专有的。这样的话，我们就有需要来研究人类到什么时候才把死亡当成生命中重要的课题来看的。

《被埋葬的灵魂：人类是如何发明死亡的》(*The Buried Soul: How Humans Invented Death*)是一本很有趣的书，作者蒂莫西·泰勒是英国的一位考古学家。这是一本考古学著作，通过看古人对死亡的处理方式来谈一个问题，即人类是如何发明死亡的。这个问题听起来很有意思，好像死亡是人类发明出来的，如果人类不发明它，就没有死亡了。就像海德格尔所说的，动物只会消逝，只有人类会死亡。人会为"消逝"而困惑，把它当成一个终极的问题来思考，这就是所谓"人类发明死亡"的意思。

从目前的考古发掘来看，12万年前左右，人类开始有了仪式性的埋葬行为。所谓"仪式性的埋葬行为"指的是，墓地经过某种安排，或者坑里有一些骨头被井然有序地排列着，或者有一些陪葬品，总之尸体不是散乱地摆在那儿，而是被经过精心安排过。考古学家就通过这种有意识的埋葬来判断人类什么时候开始把死亡当回事，甚至考察出来人类什么时候开始有了宗教，因为大部分人相信宗教是对死亡世界的一种思考和回应。考古学家甚至还能够把它跟人类语言行为挂上钩，因为语言是人之所以成为人的一个重要标志。有了语言，我们就能够进行沟通，就有了社团，就有了村庄，甚至最后有了国家。有了语言之后，我们还能够把很多看不见的东西带到现实世界中来，比如宗教和神等。不过，语言在人类世界中出现的时间，到现在考古学家还没有定论，有人说是 200 万年前，也有人说是 4 万年前，总之还很难确定，这比断定人类什么时候有了仪式性的埋葬行为困难得多。

从现在能看到的古人墓葬来看，泰勒认为古人最早对于死者的态度来自一种恐惧，害怕死者的灵魂还会在世间活跃，会给他们带来危险。就算是亲如父亲的人死了，古人还是害怕他的灵魂依然在，于是想通过一些仪式来让他走好。这个仪式通常要等到死者的骨头完全见白了、没有红丝在上面了、血肉褪尽了才结束。其实，今天很多仪式还能看得到这种痕迹。无论是中国人还是犹太人，从今天他们对死者的处理方式，仍然看得出某种残存的观念，他们害怕死者的灵魂不走，想好好送它们走。不过，现代人对于死亡的态度基本上变了。古人对死亡的态度是，这个人死了之后怎么能够让他彻底死掉，而今天我们想的是怎样才能够"不死"，还希望死者能够继续留在我们身边，能够继续跟我们在一起。

考古学家在研究古人对死亡的态度时还遇到一个困难，这牵涉到古人类学上一个很重要的论争，即现代智人的先辈与古代尼安德特人之间的关系到底是什么。尼安德特人到底有没有智慧呢？一般认为他们的智慧是比较低的。但是，曾经有考古学家发现他们也有仪式性的埋葬行为。如果他们有这种行为，是不是就说明他们其实比较聪明、比较有理性，甚至有了宗教呢？

泰勒指出，在考古学研究里面有一个很奇怪的现象。我们为了找出人类到底什么时候开始有了理性，竟然要看人类什么时候开始有了宗教，或者像我们今天所讲的原始迷信。人类什么时候开始系统地埋葬死者，证明了人类在那个时候开始有了早期的原始宗教，但这一点反而又能够证明人类开始有理性了。这跟我们今天对理性的认知不一样。

最麻烦的一个问题是，到底什么叫作埋葬呢？我们能不能说古人如果不埋葬，就表明他们没有宗教，或者对死后的生命没有看法呢？不一定。现代很多战争或者种族灭绝、屠杀行动之后，尸体也是乱堆的，这难道能说明我们今天对生前死后的世界没有想法吗？所以泰勒在这里提出了考古学诠释方面的一个很重要的疑问。我们看到骨头散乱，能不能就说这不叫埋葬、这不叫仪式、这不叫宗教呢？在诠释这些东西之前，我们已经有了一个关于什么叫作埋葬、仪式和宗教的假定，但是，我们怎么可以把现代人的这套观念套用到十几万年前的人身上呢？

不过，考古学能够帮助我们做一件事：一些古代文献所记载的事情，我们有时候很难判断真伪，这时候就可以用地下挖出来的东西去验证。这就是王国维所提倡的很有名的"二重证据法"。泰勒在这本书中做了一个示范，对历史上一个很有名的文献记载进行了考证。我记得好莱坞曾以这个文献为灵感拍了一部电影，讲的是公元 921 年一个来自巴格达的著名人物伊本·法德兰①——现在我们说他著名，当时他未必很著名。伊本·法德兰当年写了一篇文章，记述他随着外交使节团一直到了欧洲，北上到今天的俄罗斯北边，然后目睹了住在那里的维京人的一次葬礼。维京人的部族在阿拉伯语里叫作"Rus"，他们住的那个地方后来也被称作"Rus"，也就是今天俄罗斯的名称"Russia"的由来。

伊本·法德兰所记述的这个葬礼，可以说是非常可怕的。今天考古学家通过对一些维京人的墓地进行考掘，发现他说的很可能都是真的。据伊本·法德兰的记载，当时维京部族里一个很重要的大人物——族长死了，他的尸体停放了好几天，用一块布盖着。维京人酿了一种很奇特的酒，喝了人能死，不死的话也是昏昏迷迷，进入一种出神的状态。整个葬礼牵涉到的环节很多，比如死者财产的

---

① 伊本·法德兰（Ibn Fadlan），公元 10 世纪阿拉伯外交官、编年史家、旅行家、作家。曾作为阿拔斯王朝派往伏尔加河保加尔国的一名大使的秘书，于公元 921 年 6 月 21 日从巴格达出发，次年 5月抵达目的地。

再分配等，还有一件很重要的事情就是，让他的女奴们出来说愿不愿意陪着主人一起走。没错，那就是殉葬。他们把准备殉葬的女奴打扮得非常漂亮，给她戴很多首饰。在葬礼举行的那一天，他们把她灌醉了，最后有一个叫作"死亡天使"的女人拿刀杀了她，整个过程非常残暴，不是一刀致命，而是猛刺她的胸骨，让她慢慢地死去。

维京人在杀殉葬的女奴之前，先把她和主人安放在一艘船上，而这艘船是要被放到河上火烧的。在这个过程中，女奴先被人举起来三次，对着河面说三次不同的话。第一次说："注意啊，我看到了我的父亲和我的母亲。"第二次说："看呀，我看到了我所有死去的先人正在坐着。"第三次说："看呀，我看到了我的主人，他坐在圣殿的旁边。这个圣殿天堂是如此美丽，他被自己的奴隶们和兄弟们包围着。他在召唤我，请带我去见他吧！"

伊本·法德兰所描述的一些东西，比如被火烧的大船、一些被刺死的女奴、一些帐篷、喝得烂醉的混乱场面、陶器等，今天都能够得到证实。但是，今天还面临一个诠释困难的问题，比如那些在祭祀中死去的女奴，我们该怎样去诠释她们当时的态度和心情，以及她们对死亡的看法呢？我们知道阿兹特克帝国也有很多活人祭献，考古学家也能常常挖出这种行为的遗迹。那么，当时那些人的死到底是自愿的、不恐惧的，比如说他们对死亡的态度跟我们今天截然不同，还是他们其实也是非常畏惧呢？

从对这个问题的看法，就可以看出不同考古学家的流派所属了。比如泰勒就认为，我们不能过度诠释，说那些被祭献的人都死得心甘情愿，他们好快活，因为他们心里有信仰，他们对死亡的观念跟我们不一样。不，从他对这些文献和遗迹的考察中，他认为这些人的恐惧是被我们隐藏起来的，我们过度解读了这些仪式里面的牺牲者那种自愿的倾向。他还认为，维京人的葬礼里到底有没有一种对死后世界的理解还很难说。他仍然坚持自己的看法，认为古人的很多仪式其实是要跟那些肉体已经死了却仍在人世间活动的死灵魂交往的一种方式。比如，那些男人会对殉葬的女奴说，要告诉主人"我爱他"，这并不是要她当信差死后去告诉主人，而是在这一刻把她当成某种灵媒，跟那个仍然在身边活动的主人的灵魂来沟通。当然，泰勒这种说法，我们也很难确定到底对不对。

（主讲　梁文道）

蒂莫西·泰勒（Timothy Taylor，1960— ），英国考古学家。受教于剑桥大学和牛津大学，曾任英国布拉德福德大学考古学高级讲师，现任奥地利维也纳大学人类史前史教授、《世界史前史期刊》主编。著有《人工猿：技术如何改变人类进化历程》（*The Artificial Ape: How Technology Changed the Course of Human Evolution*）等作品。

图书在版编目（CIP）数据

开卷：如何阅读一本书. II / 凤凰书品编. —西安：
世界图书出版西安有限公司，2022.11

ISBN 978-7-5192-9801-2

I. ①开…　II. ①凤…　III. ①书评—中国—现代—选
集　IV. ① G236

中国版本图书馆 CIP 数据核字（2022）第 170296 号

开卷：如何阅读一本书 II

KAIJUAN: RUHE YUEDU YI BEN SHU II

编　　　者	凤凰书品
总 策 划	贺鹏飞
策　　划	张　林　李　辉　刘文莉
责任编辑	王婧殊　郭　茹
出版发行	世界图书出版西安有限公司
地　　址	西安市锦业路都市之门 C 座
邮　　编	710065
电　　话	029-87233647（市场部）　029-87234767（总编室）
网　　址	http://www.wpcxa.com
邮　　箱	xast@wpcxa.com
经　　销	新华书店
印　　刷	三河市中晟雅豪印务有限公司
开　　本	787mm×1092mm　1/32
印　　张	7.5
字　　数	126 千字
版　　次	2022 年 11 月第 1 版
印　　次	2022 年 11 月第 1 次印刷
国际书号	ISBN 978-7-5192-9801-2
定　　价	49.80 元